历史的沙盘 上

中国古代名战大盘点

冷兵器研究所 著

民主与建设出版社

·北京·

© 民主与建设出版社，2023

图书在版编目（CIP）数据

历史的沙盘 . 上 / 冷兵器研究所著 . -- 北京：民
主与建设出版社，2023.8
ISBN 978-7-5139-4287-4

Ⅰ . ①历… Ⅱ . ①冷… Ⅲ . ①军事史 – 中国 – 古代
Ⅳ . ① E291

中国国家版本馆 CIP 数据核字（2023）第 126529 号

历史的沙盘 . 上
LISHI DE SHAPAN SHANG

著　　者	冷兵器研究所	
策划编辑	王　薇	
责任编辑	程　旭	
装帧设计	陈旭麟	
插画绘制	梁立春　常　肖	
内文排版	姜　楠	
出版发行	民主与建设出版社有限责任公司	
电　　话	（010）59417747　59419778	
社　　址	北京市海淀区西三环中路 10 号望海楼 E 座 7 层	
邮　　编	100142	
印　　刷	唐山富达印务有限公司	
版　　次	2023 年 8 月第 1 版	
印　　次	2023 年 8 月第 1 次印刷	
开　　本	690 毫米 × 980 毫米　1/16	
印　　张	15.75	
字　　数	100 千字	
书　　号	ISBN 978-7-5139-4287-4	
定　　价	68.00 元	

注：如有印、装质量问题，请与出版社联系。

主笔名单：

原廓　芥末老生　康轩豪

序言

　　古代战争一直是人们津津乐道的话题。《三国演义》《水浒传》《说唐》《封神演义》等小说，《全面战争》《骑马与砍杀》《三国志》等游戏，《大秦帝国》等影视剧，给人们提供了观摩古代战争的不同角度，这些也许正是各位读者对古代战争的初印象。而后，各大论坛、各类战争史畅销书、各家军事"大V"，为人们提供了深入了解军事史的平台。但真实的古代战争究竟是怎样的？军事史的发展脉络又是如何？

　　事实上，真实的古代战争并非昔日各大论坛所指点江山、纵横捭阖的那般。关于中国古代军事史的研究，首要的是要依托于史料，不能凭空创造。目前，市面上许多军事史题材的"畅销书"，在史料选择的严谨性上还存在着或多或少的问题，甚至有些是人云亦云地直接挪用，未加甄别。即使是"二十四史"中的记载，也须精细辨别，如刘宋"却月阵"之战中"断矟长三四尺，以锤锤之"，许多论著认为是用锤子锤击断矟发射，却不知部分劲弩是用锤敲击击发的常识。此外，史料中还常常有参战人数虚高，喜用"铁骑"之类文学词语等问题。

"国之大事，在祀与戎"，尽管军事在中国古代占有重要的位置，直接关系到政权的建立和维系，并极大地作用于国计民生，但与政治史、经济史、思想史等分支相比，现今军事史的研究尚显不足。在有限的军事史研究中，军事制度、兵学思想、武器装备、兵要地理、军事技术等略为深入，但每个历史时期"战斗究竟怎么打"才应是军事史研究最核心的问题。

战争史是军事史研究的主体，但当前的研究思路与方法研究仍需改善。各家传世兵书过多地侧重于抽象的阐释，即使军人看了也学不懂，文人能看懂但因缺乏专业知识和经验也难以运用。换句话说，对于军事研究的成果——兵书，能拿来直接用的太少，因为太抽象了，论述得不够细。

再则，在尝试深入解析时，如何处理好创新性与严谨性冲突亦是值得关注的问题。部分研究成果为求创新，忽视了论证的严谨性，如论及汉武帝骑兵战术变革，过度解读为冲击骑兵的兴起；论及东晋十六国时期的军阵战术时，片面认为北方政权都主要使用甲骑具装的冲击战术；论及魏舒方阵的编组时，引用《司马法》中并不存在的引文作为论据；论及韩信井陉之战时，出现了汉军各基本建制单元军阵掩替撤退的论述，甚为详细，但未见其史料来源等等。以上现象中，一部分是为了创新观点，强行找论据，或是直接搬来西方军事史中的术语，而未顾及在中国军事史中并无与该术语对应的内容；另一部分是完全的"创造"。

深究之，军事史研究难以深入的核心问题在于：军事史研究的两大骨干支撑——军事学和历史学未能真正深度融合，缺乏大批的兼通型研究者。由于研究者缺乏军队指挥的知识和经验，具体问题的探讨上存在知识和思维的盲点。如对秦俑的军阵研究上，忽视了行军阵形、检阅阵形和作战阵形的区分；在探讨长平之战临阵换将的影响时，只注意到赵军换将，未虑及秦军亦换主将，未能具象临阵换将的影响根源和操作难点；在论及伏击战时，未能虑及行军阵形与作战阵形转换所需时间和空间，以及兵力兵器的展开问题；在论及野战军阵和坚固阵地防御时，未能考虑到警戒军阵或阵地的前出这一常识等等。军事经验缺失导致的问题比比皆是，这些都极大地制约了军事史研究的深入发展。

《历史的沙盘（上）》虽是主要面向青少年读者，但因有着诸多创意之处，即使是成年军史爱好者读来亦有不少收获。纵览全书，以历史学研究方法为核，以军事学中的作战指挥学、战役学、战术学方法为破局手段，在已有史料的基础上仔细挖掘，严谨考辨，钩沉索隐，明确各时期战争的具体形态和应用场景，回答"中国古代军队的战斗究竟怎么打"这一基本问题，并且将具体的战术与当时的兵种结构和指挥手段结合起来，融入到具体的战例场景中，尽量复原当时战术运作的基本程式，大致梳清了战争演变的历史脉络和内在逻辑，基本做到了"有一分材料说一分话"，甚少对史料过度解读或者演绎发挥。

书中知识含量非常丰富，论述也较为严谨，除使用史书、兵书等传世文献外，还广泛涉及陶俑、画像石、壁画、甲骨卜辞、青铜器铭文、简牍、武器装备、人骨马骨等出土文物，做到了言之有据。在论及各时期的战争时，加入了诸多军事常识，有些甚至是较为前沿的研究成果，如军阵的指挥等，这些极大地拓展了读者的知识结构，有利于其深入探究。在上述的基础上，还辅之以漫画的新形式，更易为青少年读者所接受。

本书是古代军事史著作的一种新尝试。因而，在本书即将付梓，原廓兄邀请作序时，宵汉欣然领命。在民间军事史研究者中，我个人认为"冷兵器研究所"的作者群是其中做得最为出色的群体之一。与之交游，我受益匪浅，甚至本人的博士论文撰写也从中汲取了不少灵感，在此再次致谢。

与欧洲古代军事史研究相比，中国古代军事史还处于比较初步的阶段，这其中固然有史料方面的问题，但更多的还是由于优秀的专业研究者比较少。因此，我期待着中国的富勒、德尔布吕克、杜派、欧曼将来能够从诸位青少年读者中涌现。我相信这本书能够在诸位青少年读者心中埋下一颗种子，帮助大家走近军事史的大门，然后再走进军事史研究的门槛。我正在做中国古代军事史研究，希望在不远的将来，有更多的同仁加入进来，一起将中国军事史研究做深做实。

是为序。

倪霄汉

2023 年 7 月

前言

　　"国之大事，在祀与戎！""兵者，国之大事！"在中华上下 5000 年文明史中，战争史与军事史占有着非常重要的分量。其间，有胜利与辉煌，也有惨败与屈辱。

　　就如《战争论》所说，"战争无非是政治通过另一种手段的继续"。战争与军事有其内在运行的逻辑与外在影响因素。比如，战争是政治的延续，但政治行为又是出于经济目的。另一方面，经济实力决定着战争的规模与持续时间。此外，人类的政治活动更会对战争产生正向与反向的影响。而政治与经济因素所共同形成的国家模式与社会制度又决定着军事体制与动员体系。还有，实现战争与军事目标所必需的武器装备又由科技水平与经济实力所支配与提供。再比如，军事指挥往往被称为艺术，但其中有着众多的数学与统筹知识。

总之，战争与军事可以说是人类最为复杂的活动之一。

为什么能胜利？又为什么会失败？这类关于胜败之因的思考与争论，也一直在历史与现实中激荡。

我们的民族与文明也在战争的鼓角争鸣中，伴随着对这类问题的思考、探讨与实践，一步步成长、发展与壮大。

可以说，中华上下5000年文明史也同时是一部战争史。本套书则由一场场关键性战役切入，结合政治、经济、科技、社会等因素，从不同角度剖析与解读中国的战争与历史，努力将一部与冰冷枯燥的史书不同的、有关中华上下5000年的历史故事与战争传奇呈现给大家！

目录

涿鹿之战　青铜时代的锋芒

要
点

《太平御览》卷 339 引《尚书》曰："黄帝之时，以玉为兵。蚩尤之时，炼金为兵，割革为甲，始制五兵。"蚩尤被尊为兵主，即战争之神，其背后透露的是华夏先民第一次见识到青铜兵器时的冲击与震撼。

该章节将探讨：青铜冶炼与铸造技术作为文明标志之一，何时出现于中华大地上，其在华夏早期战争史中起到了什么作用？

军事领域的核心分析：中国的军事艺术开始从械斗向战争过渡——用旗帜鼓乐将乌合之众转化为军队。

扩展性知识点： 中华文明到底有没有5000年？曾经在良渚、陶寺、石峁遗址生活的上古先民在血缘上与现代中国人到底有多大关系？在中国古城中，如此庞大的城防体系是为了防御谁？

出场人物表

黄帝：中国古代部落联盟首领，五帝之首，被尊为"人文初祖"。

蚩尤：传说中制造兵器的人，又传为主兵之神。

前情提要

提起我们中华民族的历史与文明，人们脑海里可能首先会浮现『上下 5000 年』的字眼。黄帝、炎帝和蚩尤这些中华民族的上古英雄，大家也是耳熟能详。涿鹿之战，更是被很多人认为是中国历史上的第一场战争。

按照上古奇书《山海经》与先秦典籍《逸周书》记载，黄帝与蚩尤大战于涿鹿，蚩尤战败。

那么，历史上真的发生过涿鹿之战吗？我们的中华文明到底有没有五千年呢？

　　黄帝与蚩尤本身就属于传说中的英雄人物，在传说中指代的分别是华夏部族和九黎部族更为准确，蚩尤是否为东夷目前尚未定论。部族的首领，他们所有的事迹与故事，都只存在于古籍记载之中，目前还没有考古证据作为证明与支撑。

　　但是，这就好比"特洛伊木马"的传说故事尽人皆知，可是直至特洛伊古城在1870年被发掘出来，全世界才认可特洛伊城的真实存在。

　　受神话传说的影响，我们印象里的涿鹿之战是这样的……

　　蚩尤跟黄帝两军胶着，不分胜负。蚩尤张开大口，喷出滚滚浓雾三日三夜不散，黄帝的士兵都迷失了方向。

黄帝就造出指南车，让他的部队虽在浓雾
之中，仍能辨识道路。

蚩尤向风神、雨神求援，刮起倒山拔树的狂风，降下瀑布般大雨。
黄帝也召唤女神旱魃助阵，风神、雨神狼狈逃走。

黄帝乘机反攻，蚩尤兵败战死。

也有人认为，涿鹿之战，可能只是一场大规模械斗……

成千上万的人挥着木头棍子，没有章法地挤在一起胡乱厮杀。

如果真的有如涿鹿之战那般的上古战争，那么战况真的如传说中那么夸张，还仅仅是两群使用棍棒与石头的"原始人大械斗"呢？

上古时期的战争其实是极为激烈和残酷的。这一点，从位于陕西省榆林市距今 4000 年左右的龙山文化时期的石峁古城就能看出来。石峁古城上出现了马面和瓮城（雏形）这两种在当时来说非常先进的防御辅助建筑。

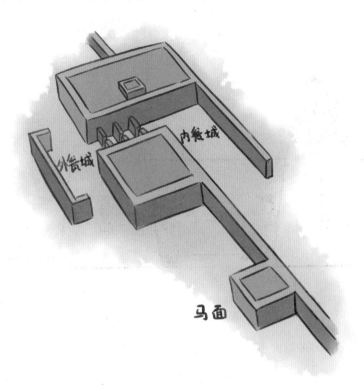

石峁古城示意图

这里的马面可不是神话故事里的马面，而是指中国古代城防中的"马面"，即突出于城墙外侧的墩台。

在古代攻城战中，防守方会使用弓弩、标枪、投石等远程武器，射击想靠近城墙的进攻方。而早期的城墙外墙是垂直地面的，这样当进攻方冲到城墙根的时候，因为角度和视线的限制，防守方就无法用远程武器射击进攻方。因此，城墙根部对于进攻方来说，是相对安全的射击死角。

防御方为了消除这种射击死角，就会在城墙上修筑一连串突出于城墙外侧的墩台。因为这种墩台的形状跟马脸很像，所以被称为"马面"。

马面之间的距离会略小于单兵弓弩的有效射程，以便形成交叉火力。既可以从 A 马面上射击冲到 B 马面城墙根部的敌人，也可以从 B 马面上射击冲到 A 马面城墙根部的敌人。

马面除了形成交叉火力、消除射击死角外，还可以增加城墙的防御面积，以及加固城墙墙体，可谓一举三得。所以，在中国古代城防中，马面是必不可少的附属建筑。

在以前的研究中，有很多学者根据《墨子》中的记载，认为马面出现于战国时期（公元前 5 世纪～公元前 221 年）。而石峁古城的发掘，直接将中国马面的历史向前提到了距今 4000 年前！

石峁古城的城墙高度应该不会低于 4 米，这就说明这种城墙根本不是针对猛兽的。只能证明当时的中国已经出现了激烈而残酷，而且水平相当先进的战争了！

在一些古装电视剧里，城门往往是直通的，而且只有一道。但其实我国古代的要塞城市，往往在城门外（或城门内侧）修建一段半圆形或方形的小城，以保护城门。这就是瓮城。

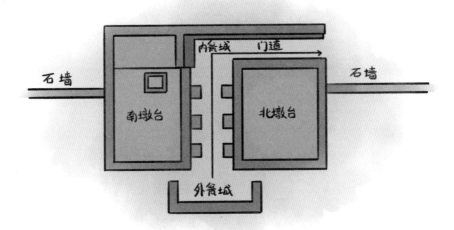

石峁古城俯视示意图

这样的城门虽然不方便平时出入，但极大地增加了攻城方的难度。

　　试想，如果你是攻城方，需要在攻打城墙的时候承受住那些坚固且突出的墩台上的交叉火力打击的同时，去突破护墙，就算冲到城墙根也不安全；攻打城门时，则要先突破外瓮城的那道障墙，之后还要再突破三重城墙，最后还要面对内瓮城的那道城墙，很容易被堵在瓮城里四面受敌。

　　同时，高大的城墙与突出的马面墩台也可以作为一个侧面例证。如果仅仅是传统的石斧、石矛、骨矛和棍棒，根本不需要追求交叉火力、消除射击死角。显然，那时的远程武器已经发展到一定程度。而且古城里发掘出了铜环、铜箭头和铜刀，其中铜刀是锡铜，也就是成熟的青铜！而铜箭头的意义则更为重大！石峁人用当时昂贵的金属铜来制造消耗类的武器——箭头，说明石峁人在金属武器化方面已经达到相当发达的程度，而远程打击武器也已经相当先进了！

青铜是金属冶铸史上最早的合金，是在纯铜中加入锡或铅，比纯铜硬度高且熔点低、铸造性好、耐磨且化学性质稳定。根据考古发现，中国大概在距今 5000 年前开始出现铜器，距今 4000 年前出现青铜器，到了商代则彻底进入青铜时代。

我都忘了我原来是白金色的了！

虽然出土的那些青铜器物给人的印象是绿油油的，但其实青铜器显青色是因为铜锈。实际上，青铜器本身是金黄色或白金色的，非常美观！所以商代人非常喜欢青铜器，商代的青铜器铸造工艺也极其辉煌与灿烂。而古埃及人大规模使用成熟的青铜武器，则是到了新王国时期了（公元前 1553 年～公元前 1085 年，与大量使用青铜武器的中国商王朝同期）。

由此可以想见，中国上古时代的战争，虽然没有如涿鹿之战的传说中那般夸张，但有着与传说不同的激烈和残酷！也就是说，虽然没有天神的助阵，但上古的战争也不是单纯只靠手持木棍、石头的"原始人大作战"。

当时的人们，也许是在漫天箭雨之下，手持制作精细的铜制、石制、骨制武器，或在平地上激烈对决，或奋勇地想突破对方的城防，或顽强地坚守在城墙之上！

这还差不多！

而且，这些血战的激烈、残酷与先进程度，甚至在口耳相传中，超出了那些未曾亲历战争之人的想象，也使得这些战争故事慢慢被披上了神秘的面纱，比如使用金属武器被说成了"铜头铁额"，上古人们遭遇的洪水与旱灾也被融入故事，被说成了是天神的参战。于是，战争故事就这样变成了神话传说！

先进的不光是武器装备和城防设施，还有指挥体系。因为在黄帝、蚩尤那个"交通基本靠走，通信基本靠吼"的上古时代里，想把一群只会武装械斗的毫无章法的士兵们，转变成正规军队进行有组织的战斗，需要一定的技术含量，也就是必须要有准确的命令传达。但是，如果所有作战命令全部依靠传令兵的口头传递，那么就不仅仅是延误战机这么简单了。那么怎么把具体的军令进行快速传达呢？

战场上，主将命令击鼓，各部队的士兵开始跟随着本部战旗向敌阵前行。

开战后，主将看到己方的部队在敌阵中打开了一个突破口，数面军旗已经深入到对方阵形中，对方阵中的战旗数量开始减少，判断出对方伤亡情况严重。

于是果断将军旗再向前指，命令士兵即刻迅速向前推进，投入战斗扩大战果。不久，敌军主将被斩，军旗被夺。

知识扩展

我们的祖先有个简单实用的方法，那就是用旗帜鼓乐来进行指挥。"击鼓而进，鸣金收兵"是大家现在都知道的常识，但是利用声音信号来传达军令存在很大局限性：除了进攻、撤退这类简单的命令以外，不能传递较为复杂的信号；在嘈杂的战场环境里，声音的传递也会逐渐递减。

所以在战斗中，主将还会使用各种旗帜和简单的旗语来指挥部队的行动，同时还可以根据各部队战旗的情况来判断战局发展。这种指挥手段，在黄帝战蚩尤的时代就已经出现，并一直延续了几千年。

读到这里，也许部分读者会有疑问了，石峁古城只是距今 4000 年左右，那么更早的上古是什么样的呢？其实，我们常说的中华民族上下 5000 年的文明历史，在最开始只是一种虚指，这个说法最初源自革命先行者孙中山先生所领导的辛亥革命。

为了表达"推翻帝制、建立共和"之意，从今天开始使用《黄帝历》作为纪年方式。

相传《黄帝历》是黄帝所制定的历法，所以也被称为黄帝纪元法。

据推测，他制定历法的那年，也就是黄帝元年，是公元前 2698 年，距今已有 4600 多年了。

如此说来，我华夏的文明历史上上下下已有近 5000 年了，好一个上下 5000 年啊！

从此，"上下5000年"的说法就开始流传开了。

但这毕竟是距今100多年前发生的事情了，当时的考古技术还很落后，我们只能根据古籍的记载与传说来推论中华文明的历史长度。但是，中华文明作为人类历史上唯一未曾中断而延续至今的古老文明，我们古籍上记载的历史史实，往往都能在考古发掘中逐渐得到证实！

2017年年底，随着对位于浙江省杭州市境内的良渚古城的进一步发掘，距今约5300年的"良渚文化"正式被确认为"良渚文明"。

文化与文明虽然只有一字之差，但却是在学术上，正式证明了中华民族5000年文明史这一说法的真实性与可靠性！更使得主流的国际学术界接受了中国持有5000多年文明史这一观点。比如世界著名考古学家、英国科学院院士、剑桥大学教授科林·伦福儒勋爵就指出，良渚遗址的发现，确定了中国早在5000多年前的良渚社会，就已经进入早期国家文明阶段。

在《全球通史》的作者斯塔夫里阿诺斯看来，文明的特征包括：城市中心，由制度确立的国家政治权力，纳贡或税收，文字，社会分为阶级或等级，巨大的建筑物，各种专门的艺术和科学，等等。

那么，文明与文化到底有什么区别呢？

良渚古城所证明的正是一个拥有先进城市规划和水利系统，而且属于我们中国人自己的史前城市与国家！将良渚文明与同时期的古美索不达米亚文明、古埃及文明相比，更能感受到我们祖先的伟大。

被视作文明摇篮的美索不达米亚平原上的苏美尔人的乌尔古城，一向被视作人类最早的城市。乌尔古城在6000年前开始作为一个定居点出现，1000年后进入兴盛期，其城市面积大概不到0.6平方千米，大约有85个足球场那么大。

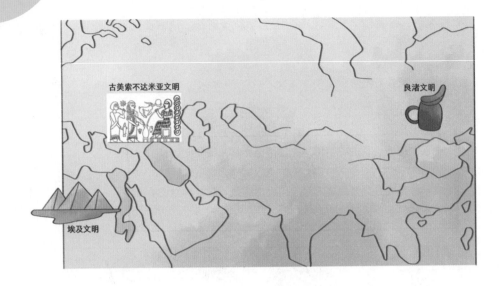

　　而已被发掘出的良渚古城的总面积是多大呢？6.13 平方千米左右，有将近 860 个足球场那么大，比乌尔古城的 10 倍还大！其中距今 4900~5000 年的宫殿面积是 30 万平方米左右，大概是整个乌尔古城的一半大。

　　随着近几年的考古发现，良渚文明并不是孤例，距今5000年乃至更久远的文明遗址还有很多，有待进一步发掘与研究。所以，可以肯定的是，在5000多年前甚至更早的华夏大地上，曾有众多文明与邦国繁荣发展与壮大着，最终共同汇集成了我们现在的中华文明。

冷兵器有话说

　　有些人很喜欢用"神秘"二字给一些古文明冠名，比如神秘的古埃及文明、古印度文明、古巴比伦文明、玛雅文明，等等。相比之下，中华文明却好像缺乏一点神秘感。其实原因很简单，这是因为这些文明多是已经消亡的，或者是发生了断层的文明。

　　而我们的文化有传承，历史有记载。如今，我们生活中的很多方面都能追根溯源到几千年前，也相信生活在这片中华大地上的我们，将永远把这份文明与血脉传承下去。

武王伐纣 战车时代的来临

要点

剔除武王伐纣的传说与演义，战车成为周军胜利的关键性元素。就此，牧野之战也宣告着战车统治先秦时代战场的开始。

该章节将探讨：战车这种带有极强军事贵族与职业武士特色的战争装备，到底是中国原生，还是外来传入？

军事领域的核心分析："绝地天通"隔绝了人与神，中国人的历史从神话走向现实，战争的胜负不再依赖神明的庇佑和指引，而是决定于武器装备与战争艺术。

扩展性知识点：殷商时代的人殉习俗。殷商墓葬里为何有高加索人种特征的遗骨？周代战车比照殷商战车有什么不同，与其他国家与地区的战车又有什么差别？贵族与国人军制下的职业武士，以及取代前者的全民军制。

出场人物表

周武王：姬发，周朝的开国君主。

周文王：姬昌，周朝奠基者，周武王之父。

姜尚：也就是我们熟知的姜子牙，周武王的大臣，周朝开国元勋，兵学奠基人。

商纣王：商朝最后的君主。

前情提要

距今3000多年前的一个清晨，在一片一望无际的旷野上，两支大军正在结阵展开一场大战。交战的双方分别是周武王统率的周国军队和商纣王统率的商朝军队，这就是中国历史上著名的「武王伐纣」。这场史诗级别的战役则因战场所在地，而被称为「牧野之战」。

"甲子昧爽会牧野，前徒倒戈反回旋。若崩厥角齐稽首，血流漂杵脂如泉。"一提到武王伐纣，大多数人就会立刻联想起神话小说《封神演义》描绘的那个神话世界，就会立刻联想起河边垂钓的姜太公、

吊民伐罪的武王姬发、残暴荒淫的商纣王、妖艳阴险的苏妲己。此外，还有一大帮法力无边的神仙，分别支持商、周中的一方作战。

可是，真实的商王朝到底是什么样的呢？周武王在牧野之战中，又是如何取得胜利的呢？

甲骨卜辞

历代商王也都周而复始地大兴祭祀、祈求保佑，杀死大批奴隶作为"人牲"，有时一次使用的"人牲"就多达数百人。在安阳殷墟王陵区的祭祀场中，祭祀坑多达上千个。考古人员对祭祀坑出土的人头骨进行科学鉴定后，发现"人牲"的人种并不是单一的，有高加索人种、东亚人种、南岛人种……这说明"人牲"也许是来自不同地区民族的战俘。

安阳殷墟的祭祀坑

咱们只要不断地向神明献
祭就可得到天佑，那还用
顾及什么道德戒律，那还
用担心什么未来的忧患？

在历经数百年的商朝历史中，始终贯穿着对四邻方国和部落的征服战争，主要目的就是掠夺奴隶。关于商朝"执俘""获羌"的甲骨文记载有很多，其中一次俘获的最大数目是 3 万人。而通过先进的青铜冶炼制造技术生产出来的兵器和甲胄锋利且坚固，为商朝人提供了作战胜利的保障。在商代，代表当时社会生产力发展水平的青铜制造业也因此有了突破性进展，冶铸技术在全世界遥遥领先，青铜器生产的数量大幅度增加，制造出了后母戊[1]大方鼎、偶方彝、三联这样的重器。

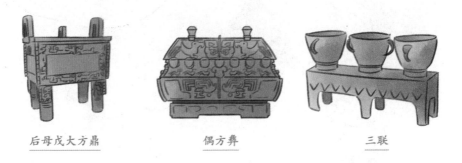

后母戊大方鼎　　　　　　　偶方彝　　　　　　　　三联

1　"后母戊"，又称"司母戊"，学界对名称存在争议。此处采用"后母戊"的说法。

其中，著名的后母戊鼎是商周时期青铜文化的代表作，其是商王祖庚或祖甲为祭祀其母戊所制，因鼎腹内壁上铸有"后母戊"三字而得名。鼎呈长方形，口长 112 厘米、口宽 79.2 厘米，壁厚 6 厘米，连耳高 133 厘米，重达 832.84 千克，是目前发现的全世界最大的青铜器。鼎身雷纹为地，四周浮雕刻出盘龙及饕餮纹样，反映了商代青铜铸造的超高工艺和艺术水平。

知识扩展

青铜戈、矛是商代军队最常用的兵器。戈的尖部十分锐利且杀伤力强大，其主要的进攻方式是啄击和钩割。青铜戈的柄长一般在 1 米左右，是与盾牌配合使用的单手武器，这也是用"干戈"（干指盾牌）一词指代战争的缘起。矛长约 1.5 米，是直刺攻击敌人的武器。

啄击

钩割

直刺攻击

而真正让商朝军队所向披靡的武器是战车，战车可以说是那个时代最具代表性的武器了。

每辆战车由双马拉车，车上有甲士三人：中间的驭手驾车；车左负责弓箭射击；车右使用戈矛攻击敌车或者杀伤敌军步兵。

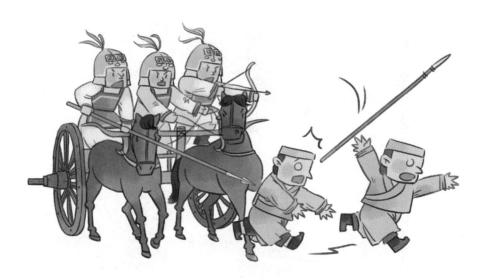

商代早期实行临时征集的部落军制度，根据战争需要由商王临时从王畿某地或某族内征集人员组成部队。后来，因对周边地区的征服战争越来越频繁，临时征集士兵的制度就不能再适应战争的需要了。

随着3万人规模的左、中、右三师的建立，战车与贵族甲士的数量，开始成了计算国家军力强弱的指标，兵役制度也就转变为了有预定编制和隶属关系的公民军制。

在远古时期，不只商朝人将战车作为主战武器，古埃及人、古波斯人、苏美尔人、亚述人也都在使用战车作战。世界上最早的战车应该是苏美尔人发明的用4匹野驴拉动的四轮战车，这种战车比较原始，使用由木板拼接而成的4个小直径实心无辐条车轮，转向很困难。

商代战车　　　　　　　　　　　　古埃及战车

同时期战车对比示意图

而商代的战车从一开始就是双马、双轮、多车辐的配置，最直观的特点是尺寸大，而最先进之处就是拥有18～24根车轮辐条。车辐数量多的好处就是会使得车轮更坚固、减震性更好，同时也提高了战车作为武器平台的承载能力、通行能力和行进速度。

所以，商代战车的车轮直径能达到 1.4 米以上，车厢宽度能达到 1.6 米，这要比同时期其他文明的战车要高大得多。当装备简陋的敌人在被如此巨大的战车从正面迅猛冲击的时候，是很难抵抗的。

战车上装备精良、出身贵族的甲士们带领着一群国人（平民）组成的步卒，跟随商王征讨四夷。这在公元前 3000 多年的世界里，已经是一支足以让任何人望而生畏的强悍力量了。

商朝人就是在这种认为只要"尚鬼""尊神"就可以得到庇佑的思维方式下和强悍武力的支持下，逐渐变成了一个强大的王朝。

此时居住在西北的周人开始利用商朝的混乱，不断壮大自己的力量。周本来是渭水中游的一个古老部落，依靠优越的自然环境逐渐发展起来。到姬昌成为首领之后，力量日益强盛，他积极调停各方国间的争端，使其他部落纷纷依附。

到了商朝末期，在这种惯性思维的驱使之下，商纣王的统治更加血腥残暴。他一味追求骄奢淫逸的生活，耗巨资建鹿台、矩桥，造酒池肉林，使国库空虚。又因宠信爱妃妲己以及飞廉、恶来等一帮佞臣，造成诸侯臣属纷纷离叛。

公元前1055年，姬昌出兵先后击败犬戎、密须，不久又攻取了商王宠臣崇侯虎的崇国。这三场战争胜利后，周切断了商朝同西部属国的联系。

犬戎

密须

崇

公元前1055年前后，商朝和周朝的领土变化。

　　直至约公元前1050年，周文王姬昌病逝，武王（姬发）继位后继续利用商朝暂时无暇西顾的良机向东扩张，并在黄河边的孟津和多家诸侯部族会盟。而此时的商朝发生了激烈的内乱，纣王杀了叔父比干，囚禁了另一个叔父箕子，而另一些被牵连的贵族如微子等人出逃投奔了武王。在危机日益严重的形势下，纣王为了转移矛盾，决定全力攻打东夷。但是这场战争不但损耗了国力，也使国内兵力异常空虚。

依老朽愚见，咱们现在应该趁纣王主力部队滞留东方这个大好时机……

咱可以率领精锐部队以迅雷不及掩耳之势，深入王畿击溃守军，一举攻陷商都朝歌、瓦解商朝政权！

让残余的商军群龙无首，然后再把他们各个击破。如此，天下可定！

哎呀，你这个战术太棒了！简直可以称为闪电战呀！好，就依你的计策行事。

公元前 1046 年 1 月，周武王亲率战车 300 乘、虎贲[1]3000 人、步兵数万出兵东征，在 2 月抵达黄河畔的孟津后，会合了庸、卢、彭、濮、蜀等诸侯部族，联军总兵力达到了 4.5 万人。

此时，商朝的精锐部队正在征战东夷的战场上，朝歌城内没有足够的精兵可以破敌。纣王着实被打了个措手不及，情急之下只好武装了大批奴隶、战俘，连同守卫国都的部队，硬是拼凑出了 17 万大军，开赴牧野迎战。

武王联军　　　　　　　　　　　　商军

---

1 虎贲：音 hǔ bēn，勇士的意思。

武王的联军本来是占据兵力优势的，但是他们万万没想到纣王能凑出这么多部队来，一下子就敌众我寡了。看着战场上的商军像茂密的树林一样多得无法估算，而且远处还有商军部队在源源不断向战场奔来，联军众人都惊惧异常，吓得不知道该怎么办了。

　　就在这气氛愈加紧张，联军认为自己将要面临一场实力对比悬殊的屠杀之际，姜尚却出人意料地率领一支百人左右的战车部队直冲敌阵，向商军发起了致师挑战。

知识扩展

　　致师，是先秦时代的军礼。在双方大军正式交战之前，先派出单独一辆战车载着麾下武艺最高超、最勇猛的甲士在两军阵前往复奔驰，向对手挑战，与对方最勇猛善战的甲士进行一场生死较量。

　　周军的几辆战车冲向前来迎战的商军战车，周军甲士以迅雷不及掩耳之势挥动手中的长矛将商军甲士纷纷刺落于车下。

　　同样是使用战车作战，但此时周军装备的是由 4 匹马所拉动的驷马战车，战车上周军的甲士使用的是 4 米左右的超长矛。在交战的时候，站在奔跑速度更快的战车上，挥舞着长矛的周军甲士就占有一定优势，而商军手中那些较短的戈矛却很难对此做出反击。

　　商军人数虽然远远超过了周军，但是军中的奴隶们无论忠诚度还是作战经验都完全不可靠。大批奴隶兵被周军虎贲的悍勇所震慑，士气萎靡、意志动摇、阵脚大乱。

　　商军残余的抵抗虽然持续了将近一天，但是也已经无力挽回局面，终于崩溃了。

发现战机的周武王立刻命令全军向商军发起总攻，商军中的奴隶和战俘本就因为对商朝心怀痛恨而没有斗志，此刻为了活命更是纷纷倒戈，与周军一起向身后的商军发起了攻击。

纣王见大势已去，逃离战场返回了朝歌。登上鹿台，把自己的珠宝玉器堆积到一起开始放火，最终自焚而死。

周武王赶到鹿台时，用"轻吕"（短剑）击刺纣王的尸体，并亲自斩其头颅悬旗示众。

冷兵器有话说

牧野之战是中国历史上以寡击众、以弱击强，并取得了辉煌胜利的著名战例。这也意味着战车统治先秦战场的时代正式开始。从此以后，中国人的作战不再依赖于祈祷神明的庇佑和指引，明确了战争的胜负是决定于武器装备与战争艺术，这对中国古代军事思想的发展具有不可低估的重要意义。

从此，周王朝的礼乐文明全面兴盛的时代正式开启了。

一鼓作气与退避三舍 贵族战争的礼仪

曹刿论战和长勺之战，成就了中国战争史中以弱胜强的知名
战例。

该章节将探讨：先秦时代的诸侯国为何都选择战车作为核心
武力？先秦时代的战争又为何充满了礼仪性？

军事领域的核心分析：中国人依托战争技术的发展，开始对战争艺术领域进行探索和总结——《孙子兵法》。

扩展性知识点：春秋时代的贵族与国人军制下的职业武士，以及取代前者的全民军制。

出场人物表

齐桓公：齐国第16位国君，春秋五霸之首。

管仲：齐国大臣，春秋时期法家代表人物。

鲁庄公：春秋时期鲁国第16任君主。

曹刿：鲁国人，著名的军事理论家，是周文王第6子曹叔振铎之后。

晋文公：晋国君主，春秋五霸之一。

狐偃：晋国重臣，晋文公的首席谋士，帮助晋文公成为霸主。

先轸：晋国名将、军事家。

前情提要

公元前770年，周平王东迁洛邑，开创了东周王朝。然而，周王虽然名义上是天下共主，但是实力却已经急剧衰弱。王权逐渐旁落之下，各国诸侯竞相争霸，国家从此开始由统一走向分裂，进入了持续300余年的春秋时代。

长勺之战

春秋时期，首创霸业的是齐桓公。

西周初，武王封功臣姜尚于营丘，建立齐国。齐国南靠泰山、西滨黄河、东临大海，地势险要、易守难攻，只有周公旦[1]的后代在南面建立的鲁国可以与其一争高下，两国多年来一直在明争暗斗。后来，齐国发生政变，齐襄公[2]被杀，分别在鲁国和莒国避难的公子纠[3]和公子小白[4]，各自回国争夺国君之位。

1　周公旦：西周开国元勋，杰出的政治家、思想家，中国古代礼乐文明的奠基者。姬姓名旦，周文王之子、周武王之弟。
2　齐襄公：姜姓，吕氏，齐僖公长子，是齐桓公同父异母的哥哥，春秋时期齐国第14位国君。
3　公子纠：齐僖公之子，齐桓公之兄。
4　公子小白：指齐桓公，姜尚的第12代孙，齐僖公第3子。

鲁国支持公子纠，当公子纠的马车与公子小白相遇时，他的老师
管仲为了让公子纠能当上国君，就放箭想射杀小白。

如果杀了小白，就能让公子纠当上国君啦！嘿嘿！

公子纠和管仲信以为真，一脸窃喜，便开始不急着赶路。

啊！没办法，只能先假死一下了……

我必报此仇！

快！快！快！

这回不用着急喽！

小白抢先回到齐国王宫，大臣们立刻围上来向他叩拜，周围的宦者载歌载舞。

国君！

053

齐桓公因为鲁国支持公子纠而怀恨在心，即位后就起兵讨伐鲁国。在击败鲁军后，迫使鲁庄公杀死公子纠，但是这还不算完，他又在鲁庄公十年的春天再次兴兵伐鲁。

知识扩展

车兵是我国最古老的兵种之一。相传，车是被誉为华夏"第一人文始祖"轩辕黄帝发明的。中国于商、周时代开始流行驷马多辐条的重型战车。春秋时期，车辆制造业日益发达，各大国的战车一般都已在千乘以上，再加上地处黄河流域的中原地区地势平坦，适于战车驰骋，车战也就成了各诸侯国之间最主要的作战方式。在诸侯的统领下，征讨四方或攻伐不臣的景象在这一时期达到了鼎盛。

每辆战车一般都是由4匹马拉动，车上有装备精良的甲士3人。车

长立于左侧，手持弓箭射击；右侧的甲士手持戈矛负责近战肉搏；中间是驾车的驭手；车下还有几十名随车步卒。战车对于单一的步兵兵种具有碾压性的优势。

战车上的甲士出身于贵族，自幼就开始接受专业军事训练。而步兵则又被称为"国人"，即居住于城邑（"国"）的公民担任。

既然诸侯之间的车战，驾车参与战斗的双方都是贵族，那么战争虽然残酷但也因此有了底线。双方都是以打服敌方为目标，分出胜负即可，而不是要彻底歼灭敌军，这种非常注重礼仪的仪式性战争也因此具有比较强烈的竞技色彩。

交战的双方，把战车排好战斗队形，在致师之后，击鼓催动战车开始冲锋与射箭。

第一轮不分胜负，双方退后整队再次冲锋……

如此几番，被打垮的一方不会真举个写着"认输"的牌子，但会以礼仪的方式承认自己的失败，比如"致师射麋"。

大战来临之前，面对齐强鲁弱、敌众我寡的不利局面，鲁国人曹刿自荐求见鲁庄公讨论治国平战之策。

主君，咱们用什么来抵御强敌呢？

对百姓从不吝啬衣服和食物，对神灵从不吝啬牛羊和玉器。处理百姓的诉讼时虽然不能做到体察一切，但总是力求以情理判断。

曹刿认为前两者无用，但最后的举措确实可以赢得民众的忠诚与支持。既然民心可用，那么即便敌强我弱仍然可以和齐军一战。于是，鲁庄公就同曹刿一起率军北上到达长勺，要御敌于边境之上。

在长勺，鲁庄公、曹刿指挥作战。

别急啊，先看看对面的动静再说。

两军摆好阵势，鲁庄公刚要命令擂鼓开始冲锋，就被曹刿一把拉住……

这时，齐军开始擂鼓了！战车和步卒一起呐喊着冲过来。但是另一边，鲁军却听从曹刿的命令并没有擂鼓冲锋，只是坚守原地。

鲁军却听从曹刿的命令，放箭逼退了齐军。

退回阵地重整阵形的齐军再擂一通战鼓，开始第二次冲锋，可鲁军还是放箭固守，没有进攻。

大齐军士兵一边往回撤，一边纷纷耻笑鲁军。

你们鲁人这是几个意思啊？都这么胆小的吗？哈哈哈！

胆小鬼

按理说，既然齐军擂鼓了，那么鲁军也应该开始擂鼓，然后双方开打，但鲁军并没有跟着擂鼓。半年前，齐军就曾经把鲁军打得落花流水，现在又见到鲁军这么一副不敢应战的胆小模样，轻视之心顿起。

然而，等到齐军第三次击鼓冲锋结束并开始回撤的时候，没想到鲁国这帮胆小鬼竟然雄起了，开始击鼓应战。早已经放松了警惕、斗志松懈、身心疲惫的齐军被士气正旺、体力充沛、军阵严整的鲁军一下就给击垮了，大败而去。

看见齐军败退，鲁庄公大喜过望，正要命令追击，却又被曹刿拦下来了，他仔细观察了齐军撤退时的状态之后，才同意开始追击。

在长勺，鲁庄公、曹刿正在总结作战过程……

老曹啊，你赶紧给我说说咱们怎么就打胜了呢？我到现在还迷糊着呢。

打仗啊，就是拼士气与力气。齐军出击一次不成功，退回去；再出击一次不成功，又退回去；再出击一次不成功，又退回去。

来回三次，士气和力气都消耗殆尽了，所以我们一开始出击，他们就不得不狼狈而逃了。

嗯，这个计策太好了！那后来你为什么拦着不让追呢？

齐国兵力强大，我怕他们在战线后方还留有预备队，等咱们追击到半道的时候，伏兵来个反杀，那咱就完了。

那后来为什么又让追了呢？

我下车，看到他们战车在地上留下的车辙极为混乱，又看到他们的旗帜也是混乱不堪，就明白他们是真的败了，这才放心命令全军追击。

长勺之战，曹刿先是故意制造了鲁军怯战的假象，诱使齐军骄傲轻敌。随后又抓住了齐军战车队列混乱、战斗意志松懈的时机全力一击，使鲁军大获全胜，在历史上留下了这个著名的以少胜多、出奇制胜的战例。"一鼓作气"这个成语，此后更是家喻户晓。

城濮大战

公元前 643 年，在齐桓公这位春秋首霸去世之后，齐国的地位开始衰落。中原地区的郑国、宋国、蔡国等众多中小诸侯国，纷纷开始倒向属于"蛮夷"之邦但是军力又极为强大的楚国。周王室和地处中原的各诸侯国，受到了日趋强大的楚国的严重威胁，亟须一个强大的国家站出来维护他们的安全，历史的聚光灯在此时开始转向了晋国。

晋国地处黄河中游，土地肥沃，开国君主是周成王[1]的幼弟——虞。公元前636年，在外流亡多年的晋国公子重耳归国即君位，史称晋文公。此时恰逢周王室分裂、国政大乱，晋文公率军勤王平定了叛乱，受到周王的奖赏，不但实力得到加强，声望也急剧提升。

公元前634年，楚国以齐国、宋国不肯尊楚为由，对他们发动进攻，占领了齐国的谷[2]，包围了宋国的缗[3]。公元前633年冬天，楚国令尹[4]子玉[5]率兵车300乘联合陈国、蔡国，围攻宋国国都，因宋国在晋文公流亡期间对他有过赠车20乘的恩惠，宋国司马公孙固赶紧跑到晋国求援。

去救宋国，这是一个报恩、救难、立威、称霸的绝好机会！

楚国刚刚收服了曹国，又与卫国联姻，如果我们去攻打这两国，楚国就一定会出兵去救援，那么宋国、齐国的危机也就会随之解除了。

1　周成王：周成王姬诵，周朝第二位君主，周武王姬发的儿子。由于继位之初年纪尚幼，由皇叔周公旦摄政。周成王亲政后，巩固了西周王朝的统治。

2　谷：指谷国，是上古时期在湖北建立的一个嬴姓诸侯国。

3　缗：指缗邑，在如今山东济宁金乡县，夏商时为缗国，是虞舜之子季禧的封地，国姓为姚。后来，武王伐纣，灭商也灭缗，缗国降格为邑。周设缗邑，属宋国。

4　令尹：楚国在春秋战国时期的最高官衔，是掌握政治事务、发号施令的最高官，由楚国贵族当中的贤能来担任，且多为芈姓。

5　子玉：指成得臣，芈姓，成氏，名得臣，字子玉。

于是，晋文公在被庐阅兵誓师，组建了三军（晋齐秦联军）。公元前632年正月，晋军由棘津渡过黄河去攻打曹国、卫国，先夺取了卫国的五鹿，随后又与齐、秦两国会盟于敛盂。

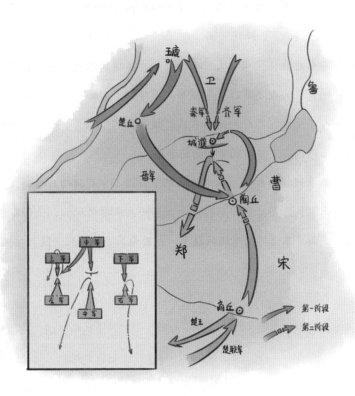

城濮之战示意图

晋国取得了初步的胜利之后，国际形势立刻发生了变化。卫国此时也跑来请求与晋国结盟，但是遭到了拒绝，不久卫国人就把卫成公[1]赶出了都城，以此来讨好晋国。鲁国也杀了替卫国戍守的公子买[2]，来讨好晋国。晋军很快又攻破了曹国。

---

1 卫成公：卫郑，姬姓卫氏，春秋时期卫国第21任国君。
2 公子买：鲁国公子，姬姓，名买，字子丛，鲁僖公时，公子买为卿。

知识拓展

自西周以来，各国实行以夫计田、以田制军的制度。按照这种制度，周王室可以有六军（六支军队），诸侯国则因土地的多寡而各有不同，大国三军、次国二军、小国一军。

到了春秋时代，宗周覆灭、天子衰微，各诸侯国为了争取霸权，纷纷改革兵制，在兵役、兵源、军赋和军事编制上，都出现了重大变化。大量的庶人（生活在郊外的底层农民，被称为"野人"）取得了和国人相近的地位，也有了可以成为士兵的资格。

随着战争规模的扩大，本来只局限于在国人中实施的兵役制度，扩大到了全体农民阶层。国家的财政收入和士兵来源的增加，使得军事实力得到了提高。各诸侯国军队的数量，也因为国力的变化而随之变化。

晋文公采纳了先轸的建议，瓜分曹国、卫国的土地给齐国，又让宋国给秦国、齐国送去好处，如此一来就使得这三国坚定地站在了自己这边。战争的形势开始变得对楚国不利，于是楚王率军回到申地，又命令申叔展[1]撤离占领的齐国谷邑，同时也让子玉立刻从宋国撤军，不要与晋开战。

但是子玉不从，坚持请战，楚王一怒之下只分配了少部分军队给子玉，听其自便。子玉这个时候也感觉到有些骑虎难下了，于是他给晋文公写信，提出了一个停战方案：只要让卫侯复国，同时退还曹国被瓜分的土地，他就可以解除对宋国的包围。

1　申叔展：芈姓，名叔展，申氏，春秋时期楚国大夫。

主君，我不赞同撤军，我子玉在此请战！

叫你撤，你非战！气死我了！

在晋军大营，先轸给晋文公献计……

子玉真是太吝啬了，这么一来变得好像是他给曹、卫、宋这三个国家带来了和平，在这三国的眼里他立刻就变成好人了。

如果我们拒绝他的提议，不仅在道义上输了，连这三个国家也都会转而怨恨我们。

那咱们该怎么办呢？

怕什么？咱们现在就想办法逼着他不得不开战。只要一开战，他的和平方案就告吹了，也就没法再收买那三国的人心了。

难道只有他会忽悠人吗？咱也会啊！现在就去告诉卫国和曹国，只要他们断绝和楚国的关系，我们就让他们的国君复位，那这两国必然会立刻与楚国断交。

怎么逼他开战？

然后，我们再扣留子玉的信使。这样一来，子玉就一定会气急败坏地要跟我们开战了。他现在处于劣势，开战就一定会失败。

那然后呢？

　　说做就做，晋文公马上开始执行了先轸的计划。果然，子玉大怒，起兵攻晋，但是晋军并没有接战，而是主动撤退了。原来，晋文公当初流亡到楚国的时候，也受到过楚王的礼遇，并且对楚王做出了承诺：将来两国如果发生战争，他一定会主动退避三舍以回报楚王。

　　如今，为了履行过去的诺言，在形势占优的情况下，他依然主动地退避了。楚军众将见晋军退兵了，也想就此罢兵，但是子玉坚决不同意，继续进兵。于是，以晋国为首的晋、秦、齐、宋联军在濮水南岸的城濮，迎来了楚、陈、蔡联军。

　　大战之前，楚国人很客气地由一位大夫送来了战书，晋国人也同样客气，派了同级别的军帅去楚军大营回复战书。表面上，双方哪怕都已经把对方恨得牙痒痒，可是贵族气质依然拿捏得很完美，客气得简直就不像是在打仗，而是在开运动会搞竞技比赛。

　　但实际上，"退避三舍"其实是晋文公根据当时的战争形式、后勤运输能力，做出的一个军事运筹方案。

　　"舍"是春秋军事术语，指的是部队行军一天后的宿营地和出发地点之间的路程。春秋军队的行军常速是每天30里，走完这个路程就扎营休息，故而又把30里折算为"舍"。先秦时期的1里，现在有415米、444米等不同观点，"一舍"（30里）折合今天大约是13千米。古人以30里为一舍，并不是说当时的士兵每天只有走30里的体力，而是这个行军速度是由当时军队的作战方式和后勤运输能力决定的。

　　战车虽然冲击力强，但对地形的适应能力比步兵和骑兵差很多，主要还是靠堂堂之阵决胜。队形的严密程度比行军速度更重要。在晋文公所处的东周时代，每乘战车有一辆用于进攻的驷车和一辆用于运输和防守的革车，所辖官兵100人，编为4个"两"（25人队）。其中3个两（75人）归属攻车，由3名战车甲士和72名步兵组成，都是战斗兵；1个两（25人）归属守车，都是负责运输物资、砍柴做饭、照看马匹的后勤兵。

在交战时，每乘以攻车为中心布阵，3个战斗两分别担任战车的"前拒"、"左角"和"右角"，后勤两的士兵们则围绕着守车，留守后方看管辎重物资。一般一辆革车能装载可供每乘100人消耗3天的粮草。这也是当时一乘战车作战的给养基数。

所以，春秋时期的军队，每隔3天就要停止行军打仗，在原地等着后方运输车队运粟米过来，或者去战场附近的本国或盟友的城邑据点补充给养，又或者直接抢掠敌国的粮仓和田野。晋文公说退避三舍，正是按消耗一个基数的给养来计算的路程，遵循着兵法原理。

而且兵圣孙武在《孙子兵法·军争》里说过："是故卷甲而趋，日夜不处，倍道兼行，百里而争利，则擒三将军，劲者先，疲者后，其法十一而至；五十里而争利，则蹶上将军，其法半至；三十里而争利，则三分之二至。"其大致意思是，急行军对士兵的体力消耗很大，行军速度越快，掉队的人越多。这会导致军队实力不完整，更容易战败。

所以晋文公的退避三舍之诺，一则还了楚王的人情且符合周代军礼的谦让精神；二则能以报恩为由名正言顺地撤退，而不至于引起楚军怀疑；三则能让急于追击的楚军刚好处于疲劳缺食状态，而晋军则可以以逸待劳，大大地增加了胜算。

第二天早上，双方开始决战啦！

晋国的下军被布置在己方左翼，战车的战马马甲上蒙着虎皮或绘制虎纹，率先冲杀向对面的陈、蔡联军。

受到惊吓的陈、蔡联军瞬间崩溃，楚国右军也被溃退的陈蔡联军给带崩了。

子玉立刻命令左军开始进攻对面的晋军上军，晋军开始退却。子玉大喜过望，命令楚军左军全速追击。

不料晋国中军突然横冲过来截住了楚军，假装退却的上军也掉过头来开始以二打一夹攻楚军，楚军左军也被迅速击溃。

楚军此时只剩下了子玉的中军，他担心受到晋军夹攻，于是开始撤退。

晋文公站在车上靠着扶栏看着楚军逐渐逃远……

算了，让他们走吧，就算是报答楚王当年的恩情了。

我们此时全力出击，一定会让楚军片甲不留。

城濮大战，晋国大获全胜。但这依然是一场典型的春秋式战争，双方逐北百步而退点到即止，不以杀伤敌军士兵为目的。通过这种仪式性战争的较量，输的一方自觉退出对权力地位的争夺，胜的一方由此赢得对国际事务的主导权。

冷兵器有话说

长勺之战、城濮之战这两个经典的战例中，交战双方斗智斗勇，从策划到实施，从谋略、外交到具体的战斗部署，虽然还比较粗糙、原始，却是《孙子兵法》这类兵书里军事理论的创作基础，对于中国军事思想的发展具有重大意义。

曹刿和鲁庄公在长勺之战前进行讨论，这正是《孙子兵法》中所提到的"兵者，国之大事也""决胜于庙堂"的战术原则。战前决策者必须根据敌我双方政治、经济、军事、地理等有关因素，做细致的分析，"多算胜，少算不胜"，才能掌握战争的主动权。曹刿将政治清明、施政有利于广大国民视作战争胜利的根基，又与"道者，令民与上同意也，故可以与之死，可以与之生，而不畏危"暗合。一鼓作气的战法，也符合《孙子兵法》中指出的"胜兵先胜而待可胜之机"。

晋文公在城濮之战中运用到的各种巧妙计策，也恰恰是《孙子兵法》中所说的"奇正相生""兵无常态，水无常形，能因敌变化而取胜者，谓之神""故能而示之不能"等思想的真实写照。

《孙子兵法》总结了春秋末期及其以前的作战经验，揭示了战争的一些重要规律。比如，在历史上第一次确立了系统、完备的军事思想体系，成为我国历代军事家必读的经典，在世界军事学术史上也占有着突出的地位。从此，中国的战争史开始走向了一个新的时代——由《孙子兵法》指引的时代。

重要的是，就如孙子所说，"故不尽知用兵之害者，则不能尽知用兵之利也"。战争的残酷，战争胜败后的得与失，让当时的中国人也明白了，战争只是解决政治问题的最终手段。比如长勺之战的失利，是齐桓公执政初期的一次重大挫折。但正是这次教训，对他产生了深刻的影响，使他从最初单纯依赖军事手段，转变为更多地运用政治、外交手段来配合军事行动，伐谋、伐交、伐兵三管齐下，最终成为春秋时代的第一位霸主。

　　再比如城濮之战晋国大胜，楚国被迫退回桐柏山、大别山以南。中原诸侯无不朝宗晋国，晋文公因势利导，使得晋国退避三舍重信守诺的形象深入人心，由此开始建立了霸权。

　　称霸立业，需要的是胸怀，需要的是诚信，以及政治经济的全方位优势，而不仅仅是暴力与权力。春秋时代的伦理道德风尚继承了西周的传统，尚武、重义、守诺是这一时代的重要精神，到战国时更加发扬光大，出现了无数品格高尚的人物。春秋战国的各种风尚，对中华民族精神的形成起到了奠基的作用。

血战长平 古代战争的恐怖

要
点

长平之战，是中国历史上一场著名的大规模围歼战，其惨烈
程度在世界冷兵器时代也是罕见的，凝聚着中国整个先秦
时代的军事科学理论和实践经验。正史中留下了投入双方数
十万军队的记载。全民皆兵成为从战国到秦汉的标志性动员
制度。

该章节将探讨： 在耕战体系下，国家如何拥有远超后世的动
员能力？当时的政府如何解决大规模动员对社会经济的冲击
与破坏？又如何满足数十万大军的后勤补给需求？通过什么
手段装备起如此大规模的军队？

军事领域的核心分析：古人对发挥一个国家战争潜力的极致性追求——兵役制度与配套战争的户籍、奖惩、后勤制度与管理体系。

扩展性知识点：经过激烈战争淘汰与竞争后的主流冷兵器形制与种类，冶铁技术与铁制兵器的出现与普及，残酷而高效的首级军功制度。战国时代的大规模战争是否真投入了那么多的兵力？在长平之战中，赵国是否真被坑杀了45万人？

韩桓惠王：长平之战时的韩国国君。

赵孝成王：长平之战时的赵国国君。

白起：秦武安君，与廉颇、李牧、王翦并称为"战国四大名将"，因长平之战坑杀降卒而被视为"杀神"。

赵括：赵马服君赵奢之子，年少便熟读兵书，兵败长平之后，被当作"纸上谈兵"的代名词。

廉颇：战国四大名将之一，战功赫赫，但人们认识他往往是通过《将相和》。

王龁：战国时期秦国名将。

范雎：战国时期秦国宰相，著名政治家、纵横家、军事谋略家、战略家、外交家。

靳黈：战国时期韩国上党郡郡守，后被卸任。

郑朱：赵国贵臣，活跃于赵惠文王、赵孝成王时期。

赵相：赵国大臣。

赵豹：赵国贵族。

前情提要

长平之战是中国历史上一场著名的大规模围歼战。同时，这场动员百万的战国会战，可以说奠定了天下归秦的历史大势。此战之后，赵国精锐损失殆尽，再无力与秦抗衡，秦国的统一之路几乎再无大的障碍。而几十万人的死伤代价也让「长平」两字几乎被血色浸透。

公元前262年，秦国攻占韩国野王（今河南沁阳），野王的陷落引起了一系列连锁反应，韩国的上党郡成为孤悬的"飞地"，从军事角度来看，上党的陷落基本上是不可避免的。于是，韩桓惠王决定割地求和，将上党郡献给秦国。

当时的上党郡郡守靳黈（tǒu）不愿降秦，拒绝了使者韩阳的要求，但此时韩王已经将割地的条件报给了秦相范雎，不敢违约，只好将靳黈罢免，改换冯亭为上党郡守。

可没想到，新任的郡守冯亭也不是省油的灯，上任之后，不但没有降秦，反而派遣使者联络赵国，称要将上党的17座城池献给赵国。这自然是一招驱虎吞狼的毒计，但是对于赵孝成王来说，这块天上掉下来的馅饼无疑有着很大的诱惑力，虽然赵相、赵豹多次规劝，但赵孝成王却心意已决，在平原君赵胜 [1] 的支持下，决定接收上党。

前往赵国的使者

韩王决定将上党割给秦国，但上党百姓皆不愿接受秦国统治，而是想要做赵国子民。臣愿意将上党郡17座城池全都献给大王。

---

1 赵胜：平原君，战国时赵国邯郸（今河北省邯郸市）人。赵武灵王之子，赵惠文王的弟弟。

值得一提的是，虽然后世评价赵王与平原君此举为"利令智昏"，但上党的军事地位不可忽视。此地本就是韩、赵、魏三国交界之地，又因地势较高，对赵国本土有居高临下之势，一旦为秦所得，不仅赵国北部雁门、代郡、云中随时面临被切断瓦解的威胁，就连国都邯郸，都将处于秦国兵势的威胁之下。因此，上党归属，关乎赵国的生死存亡。

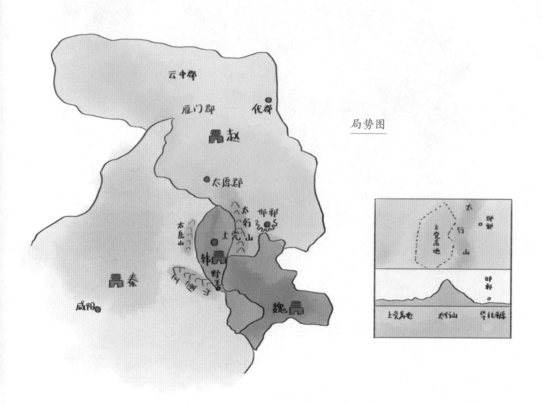

局势图

无论赵国是出于何种目的接收上党，其虎口夺食的行为都彻底激怒了秦国。

据《史记·秦本纪》记载："四十七年，秦攻韩上党，上党降赵，秦因攻赵。"自此，长平之战爆发。

自赵武灵王¹胡服骑射之后，赵国的军事实力无疑有了大幅增长，可面对秦国的虎狼之师，赵军依旧居于下风。公元前 260 年，秦国大将王龁在攻取上党郡大部分城池之后，向长平进攻。同年四月，阵斩裨将赵茄。六月，赵国二章城、光狼城两重要据点被秦军攻占，赵军 4 名都尉战死。七月，赵军西垒空仓岭被拔，同时再次折损两名都尉。不得已之下，廉颇退守丹河东岸，试图以坚壁清野战术拖垮秦军。自此，秦赵两国在长平陷入僵持之中。

> 长平之战初期，秦国因为准备充足占据优势，赵国因为先后丢失两道防线，被迫退守丹河东岸。

1　赵武灵王：战国时期赵国第 6 代君主，为赵孝成王的祖父。

当秦赵军队在长平血战之际，两国的外交攻势同样没有停止。与秦国对于长平之战的坚持态度不同，此时的赵国陷入了是战是和的争论之中。历史上的赵孝成王虽不是庸碌之君，但在长平之战中却多次犯下致命错误，他虽然主战，却同意主和派楼昌[1]的建议，派重臣郑朱入秦媾和。

结果，赵国派遣使者入秦和谈的消息却被秦人刻意散播给诸国使臣，楚、魏等国便放弃了出兵援助的准备，赵国只得独自面对强秦。因为派遣使臣求和的消息被刻意散播，赵国在外交上陷入孤立当中。可以说，在外交攻势上，赵国完败。

我们来求和了，范老兄。

1　楼昌：战国时期赵国大臣，大致活跃于赵惠文王、赵孝成王时期。

两国在长平战场陷入僵持后，赵孝成王昏招迭出：以从未掌兵的赵括代替廉颇为帅。虽然人们往往将赵国临阵换帅的原因归结为秦国的离间计，但根据《史记》的说法，除了离间计外，作战不力以及"不敢战"也是重要的诱因。

前文提到，空仓岭防线失陷后，丹河西岸无法固守，廉颇只得移师丹河东岸，企图利用坚壁清野之计与秦军僵持，拖垮敌人。然而，坚壁清野之计说起来容易，却也是需要本钱的。

作为中国古代历史上第一次大规模会战，秦赵双方在长平地区所铺陈的兵力几近百万，如此庞大的人员数量，带来了近乎天文数字的粮草消耗。

自春秋中后期开始，各国出于兼并战争的需要，对于军赋的征收就已经逐渐制度化，这是由于各国军队人数的增长远超以往。

春秋时期的军队，最显著的特点是"国野之别"，士兵主要由贵族、宗室以及国都市民（所谓的国人）充任，至于普通的农民（所谓的"野人"），甚至没有当兵的"权利"。

对当时的人来讲，当兵不仅仅是一种义务，更是一种荣誉。这种以国人为主要兵源的征兵方式自然限制极大。随着战争激烈程度的加剧，各国都陆续改变了自己的征兵方式。

春秋时期，培养一名合格的车兵耗费极为高昂，除了战车本身以及武器铠甲的损耗外，训练车兵驾车和射击技术也需要大量时间成本，而这显然是忙于耕作的农人所无法承担的。

战国时的征兵制以郡县内的编户齐民为主体，人们按照户籍所在地，被编入郡、县、乡、里的系统之中。依靠这种方式，统治者可以更加灵活地抽调劳力，补充军队。比如齐国，仅国都就有居民 7 万户，按照 1 户 3 丁的比例，即拥有 21 万人的动员能力。

当然了，仅仅是通过编户齐民，并不能保证军队的战术素养，在过去，之所以会限制只有国人才可当兵，最主要的原因在于，在锻造、冶炼水平相对落后的春秋时期，武器的制造、维护乃至使用都需要极高的经济成本来支持。

如此一来，把一个从未使用过武器的平民征召为士兵，不仅不能提高军队的战斗力，反而可能影响其他成员的发挥，尤其是春秋时代的战车，更是如此。一个没有相关经验的人，即使是去充当随车作战的徒兵（步兵），往往也是难堪大任。

而战国时期的情况则略有不同，铁器的发展降低了农具的制作成本，继而让农田的产量有所提高，这就为大量士兵的职业化或半职业化提供了物质基础，而铁器制造的戈、戟、矛等长兵器，以及弩之类的投射兵器，则给予普通士兵威胁车兵、甲士的能力，尤其是弩的大规模列装军队，让车兵这种需要大量资源进行训练的贵族兵种对战场的统治地位逐渐下降。步兵开始崛起为战国时期最重要的兵种。

从数量上来看，以步兵为主力的战国军队在数量上无疑对春秋各国有着碾压性的优势。如春秋五霸之一的晋国，在其全盛时不过拥有六军，即6万人左右的部队；而到了战国时期，秦、楚这类老牌强国动辄"带甲百万"。虽然百万之说不一定为真，但从长平之战双方可以动员近百万军队与劳力来看，春秋与战国时期各国军事动员力的差距无疑极为明显。

古典军国的发展，让春秋至战国的军事动员能力，得到史无前例的发展。在这种情况下，为了填补愈发沉重的军事消耗，粮秣、力役等成本被再次转嫁给了民众。汉代董仲舒所言的"力役三十倍于古"，其实从战国时代就已经初见端倪。

战国七雄对于后勤保障和补给的重视程度远超以往，为了未来可见的战争需要，各国均不约而同地在各地修筑仓库、储备军粮。如秦国就有陈留仓、琅琊仓等诸多为战争储备而设的军用仓库。

可问题是，在战争尚未爆发之时，各国往往会在各地分散建仓，以减少转运、储存的消耗。因此，在面对长平之战这一史无前例的会战时，赵国的粮草转运，无疑陷入了麻烦当中。

从《史记》的记载来看，虽然号称"支粟十年"，但当时的赵国不得不求助于齐国的输粮，可由于赵国外交的问题，赵军始终没有等来齐国的补给支援。

事实上，早在廉颇为帅时，他已经不得不通过"唱筹量沙"的方式稳固军心了——兵不如者勿与挑战，粟不如者勿与持久。

对于当时的赵孝成王来说，坚壁清野即使是战术层面上的最好选择，但粮草补给的匮乏使得这一战术的实施成了慢性自杀。那么问题来了，难道秦国就不用担心后勤问题吗？

这当然是不可能的，长平距离秦咸阳城的直线距离是到邯郸的两倍。表面上看，秦军的补给线无疑更加漫长。可上党郡和南阳本就是韩国的"委积之地"，当上党被秦军所占后，大量军事物资被充为辎重，极大缓解了秦军的补给压力。更重要的是，战国时期的巴蜀之地是天然粮仓，所谓"秦西有巴蜀，方船积粟，起于汶山，循江而下"。

秦晋交好之际，秦国曾经依靠渭水汾河水道向晋国输送万斛粮草，而到了此时，自然也可以让秦国本土粮食沿水路运抵前线。

双方在后勤补给上的差异，让赵孝成王急于毕其功于一役，于是打算临阵换帅，让初生牛犊不怕虎的赵括代替老成持重的廉颇。可这一冒险举措的结果却酿就了一场史无前例的军事悲剧。"破赵军者必赵括"，马服军的这一预言一语成谶。

就在赵括披挂上阵后不久，长平战场的秦军同样迎来了自己的新统帅：武安君白起。

得益于"有敢泄武安君将者斩"的保密军令，赵括始终以为自己的对手是王龁。老谋深算的白起假装不敌赵括的攻势，诱敌深入。当赵军被引至秦军营垒前后，便派遣一支 25 000 人的奇兵，断绝赵军后路，又以 5000 名骑兵隔绝其粮道。数战不利的赵军被困原地，只能固守待援，赵军的这一企图并没有奏效，秦昭王在得知赵军被围后，亲临河内郡，征发当地 15 岁以上男子，彻底阻断了赵军的归路。

最后，粮道被绝，军心动摇的赵军，陷入自相杀食的绝望之中，主帅赵括决定亲率精锐部队突围，拼死一搏。可惜的是，他突围失败被杀，剩余的赵军只好投降秦军。

赵括带着身后的几名士兵骑马突围，却被秦国的弩兵射杀。

能不能再来一局？

陷入绝境的赵军，最终因赵括突围失败而崩溃投降。

由于担心这些俘虏在恢复后会再次
反抗，白起假意接受赵军投降。

在收缴武器、解除其武装后将降卒尽数坑杀……

我这次大发慈悲先饶了你们，回邯郸报信儿去吧！

最终，白起只释放了240名最年幼者回邯郸报信。充满血色的长平之战，到此结束。

 冷兵器有话说

关于长平之战，有一点其实一直有所争议。白起在接受赵军投降后，所坑杀的人数是否真的多达数十万之巨？

关于长平之战被坑杀降卒的人数，一直有争议。《史记》中统计降卒人数为40万，再加上赵军在长平之战前期的死亡人数，"前后斩首虏四十五万人"。但这两个数据和《史记》中的一些关于长平之战的记载有所龃龉。

《史记·白起列传》中写道"今秦虽破长平军，而秦卒死者过半"，人们推测当时秦国参战部队在 35 万到 50 万，即使以秦军 35 万估计，死者也在十七八万，可见当时战斗之惨烈。从《长平之战遗址永录 1 号尸骨坑发掘简报》的记录也可证明这一点，永录 1 号尸骨坑中发现大量用石块搏杀的痕迹，推测战斗双方在武器遗失或损毁后依旧搏命如故。而如果降卒为 40 万，赵军战损在坑杀事件发生前就不过 5 万之数，那么秦军近半死伤显然就不太合理。更何况，赵军 46 天围困期内，还发生了惨烈的内讧。

因此，更加符合实际情况的推测是，赵军被围后，经历多次突围、内讧后，人数已经损失大半，正因如此，在主帅被杀、后路被绝的情况下，剩余的赵军才会选择投降乞活。

破釜沉舟 秦帝国的统一与灭亡

横扫六国、鞭挞天下的秦帝国，开启了中国历史的大一统时代，却在中国历史上第一次的大规模农民起义中，轰然倒塌。作为秦末起义战争中最关键的巨鹿之战，书写了怎样的战争传奇？

该章节将探讨：秦帝国到底开创了一个怎样的时代与制度？为何"统一"成为中国人最核心的家国理念？

军事领域的核心分析：秦末的群雄逐鹿真的只是农民造反吗？揭竿而起和斩木为兵到底是不是历史真相？秦军北逐匈奴和南平百越的两大机动兵团真的坐视秦帝国的灭亡吗？

扩展性知识点：秦帝国为什么会轰然倒塌？

赢政：秦始皇，中国第一位称皇帝的君主。

李斯：秦国宰相，秦朝著名政治家、文学家和书法家。

子婴：秦国末代皇帝。

章邯：秦国少府、秦军主帅。

陈胜：起义军领袖。

项梁：起义军将领。

宋义：起义军将领。

项羽：起义军将领，项梁的侄子。

刘邦：起义军将领、汉朝开国皇帝。

公元前208年，秦帝国少府章邯率兵击破赵国的起义军主力后，派重兵包围了巨鹿，各地起义军纷纷赶来援救，一场大战即将爆发。

公元前221年，秦王嬴政继位后的第26年，六国被尽数消灭，一个幅员和规模空前庞大的秦帝国诞生了。

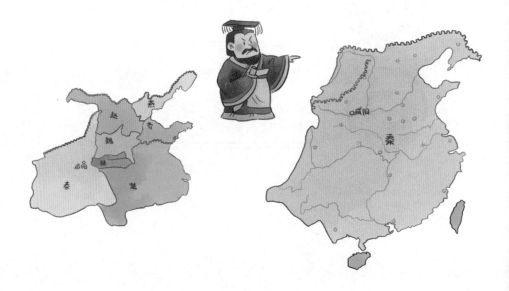

古风·秦王扫六合

唐 李白

秦王扫六合，虎视何雄哉！　　尚采不死药，茫然使心哀。
挥剑决浮云，诸侯尽西来。　　连弩射海鱼，长鲸正崔嵬。
明断自天启，大略驾群才。　　额鼻象五岳，扬波喷云雷。
收兵铸金人，函谷正东开。　　鬐鬣蔽青天，何由睹蓬莱？
铭功会稽岭，骋望琅琊台。　　徐氏载秦女，楼船几时回？
刑徒七十万，起土骊山隈。　　但见三泉下，金棺葬寒灰。

但是怎样才能在这个新的帝国里永久维持统治，同样也是个空前巨大的难题。

作为有史以来第一个统一华夏大地的君主，秦始皇废除封建，修筑以咸阳为中心通往全国各地的驰道，将全国划分为三十六郡，由中央任命郡守负责执掌地方民政，把整个国家紧密地连接在了一起。

同时，又完成了一项前无古人的壮举，在全国范围内统一了文字、车辆的轮距、度量衡单位和货币。

李斯分别用小篆和隶书两种字体书写各位郡守的任命书……

由此建立了大一统的中央集权制度、统合了全国的文化认同、消除了六国的残余影响，使国家形成了一个真正的整体。中国此后延续了 2000 多年的统治基础和结构框架，从此被构建起来了。

郡守们拿着任命书坐着统一形式的马车沿驰道奔向四方。

公元前 215 年，统一全国后的第 6 年，秦始皇开始了对外征伐，意图一劳永逸、去除边患。他派蒙恬[1]领兵 30 万北征匈奴收复河套地区，设立九原郡。之后又把燕、赵的长城和秦国西北边城连接起来，筑成了西起临洮、东迄碣石的举世闻名的万里长城。

同年，又派几十万重兵南征平定了百越，分置南海郡、桂林郡和象郡，从内地迁徙过去百姓和军卒共 50 余万人充实边疆。

---

1 蒙恬：秦朝时期的名将。

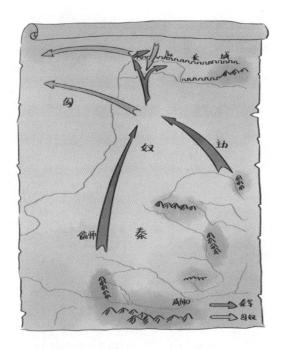

蒙恬率领 30 万大军和匈奴作战的进军线路示意图

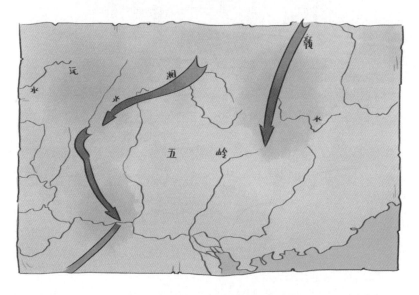

南征百越行军线路示意图

　　至此，琅琊台的始皇纪功石刻里所说的"六合之内，皇帝之土。西涉流沙，南尽北户，东有东海，北过大夏，人迹所至，无不臣者"，竟真的与事实相差不远。

　　秦始皇意欲为万世开太平，上述一切对外对内的伟业，都是他在10年左右的时间里完成的。然而政治不能专凭理想，一定要顾及实际情况。他的政策与设想虽好，行事却操之过急。尤其是在他最后的这5年里，连续不断地南征北战，又集中上马了如此多的浩大工程。此外，他还要到处去巡游，更是先后调用70多万名民夫，替他穷侈极奢地修建阿房宫、修建自己的陵墓。

　　他之所以会如此激进地行事，就是因为作为开创了历史先河的第

一个大一统王朝的皇帝，他根本不了解甚至也不在意权力的边界到底在哪里。他对自己的权威太过自信，根本不愿意控制自己的欲望，肆无忌惮地对全国百姓进行酷烈的压榨。

根据研究，从秦始皇三十五年（公元前212年）开始修建阿房宫起，直到二世元年（公元前209年）的四年间，阿房宫和骊山陵的工地上，常年有70万人劳作。这70万人的粮食供应，都要从函谷关外的关东地区转运。

根据史料推断，以运送距离600千米计，要维持一个人的粮食供应，需要15个人专职负责运输，效率仅为6.7%。关中有渭河连接黄河漕运，距离短、效率高。假设以20%的高效率论，要维持一个工人的粮食供应，也要5人专职负责，70万人的粮食供应，需要动用350万人做后勤转运。

秦帝国时期，一个家庭大致有5口人，阿房宫、骊山陵的70万工人，又关联到全国各地280万人的生活生计。350万专职运输者的劳作，又影响到1400万人的生活生计。司马迁曾说："我到北疆考察，由直道归还长安，沿途观看蒙恬所修筑的长城亭障，断山填谷所开通的直道通途，痛感秦之酷使民力。"

　　百姓本就不堪苦役重税的负担，而政府官员却又"乐以刑杀为威"，"杀人之父，孤人之子，断人之足，黥人之首，不可胜数"，如此严酷而又滥用的刑罚就是百姓所再难以承受的了。

　　既然皇帝如此暴政，那么百姓造反也就是天经地义的事了。秦二世元年（公元前209年）七月，在秦始皇去世刚刚1年后，两名因大雨延误戍期的屯长陈胜、吴广，率领900名去戍边的戍卒在大泽乡起义了。

咱们大家现在都已经延误了戍期，按律肯定都要被杀头了。就算这次不掉脑袋，那将来戍边而死的也会有十之六七。

既然横竖都是死，那为什么不干点儿惊天动地的大事呢！咱们一起反了吧！

王侯将相宁有种乎！

陈胜的起义军，断木为兵、揭竿为旗，这也就是后来将造反叫作"揭竿而起"的由来。他们砍木头当兵器当然不是因为穷，而是当时在全国的民间，实行严格的兵器管制。帝国成立之初，秦始皇就命令没收民间的兵器，运到咸阳铸成无数大钟和12个金人。他觉得，没有兵器又没有钱财，老百姓还怎么能够作乱呢？却不料被压榨逼迫到极限的百姓们，宁肯断木为兵也要起来反抗。

虽然陈胜的起义军武器破烂，但还是如星火燎原般地急剧壮大起来了。不久，陈胜称王，国号"张楚"。

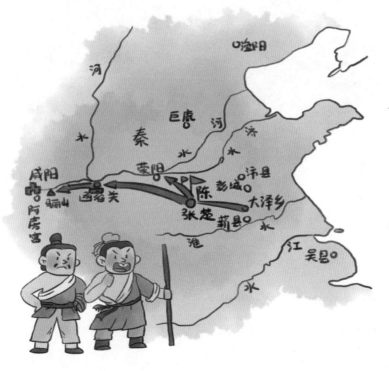

起义军活动范围示意图

当时，各郡县的百姓都苦于秦法的残酷苛刻，满怀着对秦国的愤恨和复国的希望，因而在听到陈胜起义的消息后，都争相劝说当地有声望的人士响应起义。于是，这些地方人士纷纷诛杀当地长官、扶立六国国君和贵族的后裔，与陈胜遥相呼应，六国复国和农民起义的风暴开始席卷各地。

驻守各地的少量秦军对此起彼伏的起义疲于应付，到了九月，起义首领周文率领一支兵卒数十万、车千余乘的起义军，轻松越过函谷关天险，挺进到了离首都咸阳只有不到100里的地方。

秦军行军示意图

此时，北逐匈奴的秦帝国北方军团还远在长城，根本不可能及时赶回来救援。南征百越的秦帝国南方军团，已经趁乱割据自保，无视秦帝国的危机。丞相李斯的长子李由统领下的秦军的最后一支机动兵团，现在正被陈胜吴广亲率的反秦大军围困于荥阳。

所以，周文也是趁着关中空虚才攻陷函谷关，逼近咸阳的。秦二世[1]那个昏庸的朝廷，更是在周文大军攻陷函谷关之后才正式做出了反应和紧急动员。秦二世紧急动员了秦帝国的禁卫军——卫戍咸阳的中尉军，在戏水阻挡住了周文。就此赢得战略时间的秦帝国，又对数十万的骊山刑徒进行了动员，派少府章邯将他们组建成部队。

由秦二世紧急动员的秦军凶猛冲击周文率领的敌军……

最终，周文被章邯一击即破，仓皇败退出函谷关。不久，被章邯大军再次击破，周文自刎而死，全军瓦解。章邯乘胜东下，田臧等人谋害吴广抢夺了指挥权后迎击章邯于敖仓，又是一战败亡。章邯随即进击至陈西，陈胜亲自率军迎战时，却不料被自己的马夫谋害而死。

1　秦二世：指胡亥，秦朝第二位皇帝。

　　章邯击破陈胜之后，四处进击起义军，一路势如破竹。却不料被楚国名将后裔项梁率领的另一路起义军接连击败。连获大捷之后，项梁开始轻视秦军。

咱最近虽然连续打胜仗，但是咱可不能骄傲啊！现在秦军兵力天天在增加，而我们的将士已经开始怠懈，这实在是让人担忧啊！

别瞎操心，那帮手下败将不足为虑。

二世二年九月，秦二世胡亥命令驻守长城的北方军团南下，和拱卫咸阳的部队一起，全部送到了前线支援章邯。得到援兵之后，章邯立刻乘夜对起义军发动了突袭，项梁战死，起义军死伤大半，四散崩溃。

章邯击破项梁军以后，又北渡黄河去镇压在赵国的起义军，最后将赵王包围在了巨鹿城。

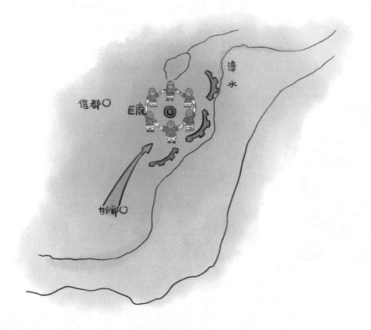

巨鹿城被围数月,粮乏兵单危在旦夕,于是紧急向各路起义军求救。宋义因为成功预言了项梁之败而以知兵闻名于起义军,被任命为支援赵军的统帅,项梁的侄子项羽为次将军。宋义率兵行至安阳就驻扎了下来,连续停留 46 日不进兵。

秦军围困赵军形势紧急,咱们应该火速领兵渡黄河,与赵军内外夹击,那秦军就死定了!

不不不,要拍打叮咬牛身的大虻虫,而不可以消灭牛毛中的小虮虱。

现在秦军攻赵,要是打胜了,军队就会疲惫,我们即可乘秦军疲惫之机发起进攻;要是打不胜,我们就率军乘机西进关中,秦也就必然要灭亡了。所以不如先让秦、赵两军相斗。

披坚执锐冲锋陷阵，我不如你；但是运筹帷幄、制定策略，你就比我差远啦！来人啊，传我命令：凡是在军中暴躁如虎、执拗如羊、贪婪如狼之类的不服从指挥的倔强之人，一律处斩！

当时天寒大雨，军中缺粮、士卒饥冻，宋义却大摆筵席。项羽见状就在军中责备宋义只顾私利，不体恤士卒。

项羽第二天早晨去见宋义时，刺杀了他。

项羽接受了统帅之任，就派两万人做先锋渡河。在前锋连获小胜之后，他随即率领全军渡河参战。中国古典时代最传奇和最惊心动魄的以少胜多的大决战就此开幕了！

渡过黄河登岸之后，他又命令凿沉船只……

虽然后世很多人将项羽的胜利归功于破釜沉舟的死战决心，但光有决心，是无法击败训练有素、装备精良的虎狼秦军的。

知识扩展

秦帝国是华夏文明历经春秋战国数百年乱世纷争，最终脱颖而出的佼佼者，奉行以"耕战"为核心。

根据秦律，帝国的男子到了 15 周岁，就要到帝国的军事机构里办理登记手续——"傅籍"（也叫作"始傅"）。这也代表这个人被纳入了整个帝国的"耕战"机器。

"傅籍"之后的男子，被称为"更卒"，相当于预备役军人。之后，他每年都要服一个月的"更卒之役"，主要为家乡承担劳役，比如修路、治河、开渠、漕运、运输物资等。通过这种集体劳作，可以培养每个男子的团队精神、协作能力、管理统筹能力，养成遵守纪律和服从命令的习惯。

更卒之役

在每个更卒服过更卒之役后，大约在20岁的时候，就要转成"正卒"。正卒首先就要在秦帝国的地方部队里服役一年，负责当地的防卫和治安，也就是地方军。其间，他们将接受一整年的军事训练。帝国会因为地域、个人情况以及国家需要的不同，对正卒进行步兵（材士）、骑兵（骑士）、车兵（轻车）和水军（楼船士）不同兵种的针对性训练。

正卒之役

士兵在经过一年严格的军事训练后，那些达到材士、骑士、轻车和楼船士标准的士兵，就会转服"戍卒之役"。戍卒的服役期也为一年，其去向有两个：

1. 成为帝国边防军，驻扎帝国边疆，为帝国开疆扩土；

2. 戍卒中的精锐，成为帝国禁卫军，去宿卫京师。

戍卒之役

每个正卒、戎卒、卫士退役之后，将重新成为预备役，定期服每年一个月的更卒之役。在需要时，他们还会重新被征集入伍。

正是依托这种"全民皆兵""寓兵于农"的征兵制度，以及预备役、地方卫戍部队、边防军和中央禁卫军的三级军事体制，秦帝国拥有了源源不断且训练有素的士兵兵源。

更卒　　　　　　　　正卒　　　　　　　　　　　戎卒

此外，秦军的战术和装备水平，也达到了当时的顶峰状态。按照《孙子兵法》的"奇正"理论，即"以正合，以奇胜"，秦军以步兵方阵为"正兵"，以骑兵战车为机动打击力量，作为"奇兵"。

以秦始皇陵兵马俑一号俑坑为例，方阵由前锋、本阵、两翼和后卫构成。前锋为3横列，每列68人，共204人，其中3人带甲，201人轻装。这204人大部分为弓弩兵，但还夹杂少量持戟士兵。前锋士兵之后的本阵，是由38列纵队组成的战车与步兵本阵，其中少量是使用弓弩与剑戟的轻装战士，绝大部分都是手持长矛的重装战士。在方阵两翼各是170人的单列警戒部队，其中135人重装，35人轻装。方阵后卫也为

3横列，每列68个，共204人，但是全员重装着甲。两翼和后卫都是大部分手持弓弩，少部分持剑戟。

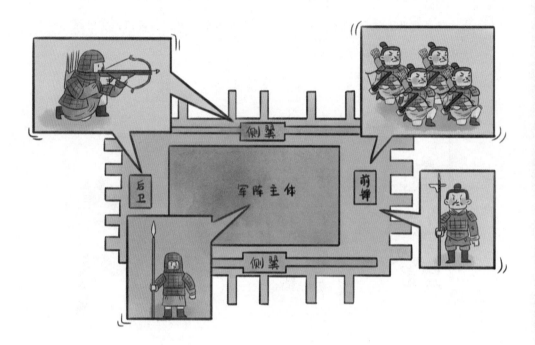

方阵中，重装步兵的比例要占到72.7%。这种布局符合中国传统的兵力布局"前轻后重"，以及"阵以密则固，锋以疏则达"理论，即列阵要紧密，遇敌进攻时则攻不破；前锋要疏松，向敌进攻时便于战斗。

作战时，前锋和本阵中的轻装战士，也就是秦军中的锐士会前出散开，组成散兵群，袭扰、纠缠敌人，并在这种袭扰和纠缠中，试探出敌人步兵阵列中的薄弱点。之后，方阵中的重装战士变阵，减少纵深，扩大正面，以便发动长矛冲锋。骑兵战车这样的机动部队，在敌情不明的状况下，前出侦查袭扰，遭遇战时争取先机；双方僵持时，进行侧翼打击；敌阵动摇时迅速扩张战果，退却时殿后掩护。

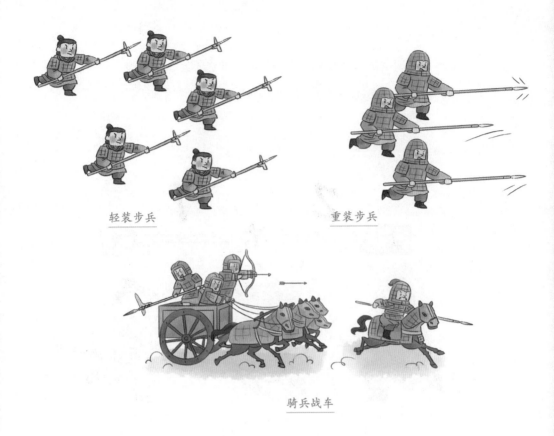

轻装步兵　　　　　　　　重装步兵

骑兵战车

　　简单说，就是以步兵方阵为铁砧，骑兵战车为铁锤，将任何陷入其中的敌人锤得粉碎。如此强悍的秦军，也就被其他六国称为"虎狼"。

　　自陈胜起义到现在，战争已经打了接近两年，秦帝国的战争机器早已拼命地运转起来了，此时兵力、武器装备、粮草都已经调配就绪。当时章邯手里有 20 多万关中军团，以及王离率领的北方军团，总计大约 30 万大军。

　　而项羽率领的楚军，则约 10 万，哪怕算上其他来援诸侯的数万军队，兵力也处于 1∶2 的劣势，更别说双方在战斗经验、武器装备、补给上的差距了。所以在巨鹿城北，各路前来支援的诸侯部队，只是静静地看着项羽的部队渡河、准备作战，谁也不愿意去支援，谁也不敢去并肩作战，都只是想保存实力、作壁上观。

因此，光靠热血和拼命并不能击败秦军。但项羽作为那个时代最优秀的战场指挥官和战术天才，其实在破釜沉舟前，就已经发现了取胜的关键点。

当时真正围困巨鹿的是王离的北方军团，并且因为多次抽调兵力给章邯，外加连续作战损耗，已经实力大减。而实力更为雄厚的，其实是章邯的关中军团，则在巨鹿南边的棘原，负责阻挡其他援军，以及通过一条甬道为王离军团保证后勤补给。这就给了项羽以击破的机会。

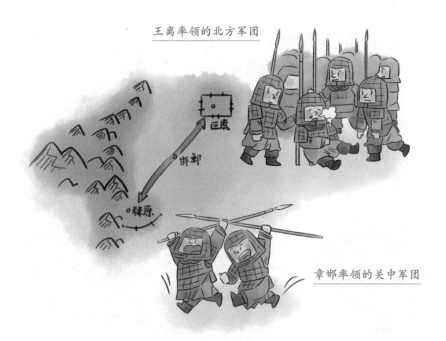

作为先锋渡河的两万楚军，其实就是攻击那条对于王离军团如同脐带一样的甬道。而项羽是在两万先锋已经成功攻破甬道，切断了王离军团与章邯军团的联系，断绝了其后勤补给后，才率领主力渡河的。

也就是说，虽然项羽是破釜沉舟，只带了三天口粮，但其实他要攻击的王离军团已经断粮了。

渡过漳水后的项羽，展现了绝对的果敢和骁勇。他没有任何犹豫，也没有任何试探，在章邯军团反应过来之前，率领楚军，以决死无归的巨大勇气，犹如一把出鞘的利刃，直接向包围巨鹿的秦军展开了总攻！

楚军士兵无不以一当十，咆哮呐喊声惊天动地。一日之内，两军连打九战，楚军九胜，秦军九败，最后连营垒也被楚军攻破。在

项羽击败了秦军，召见其他各路起义军的将领。对如此悍勇无敌的项羽已经畏如天神的众将们从进入辕门开始，就不敢站立，一直匍匐着进入了项羽大帐，不敢抬头瞧望。

一旁观战的诸侯军看到楚军的骁勇，无不人人惶恐，而眼见秦军落败，他们也迅速出兵乘胜攻击秦军。这一战，王离的北部军团全军覆灭。

章邯在得知王离军惨败之后，迅速收缩防线，退守漳河、棘原一线，依托河内郡抵御项羽。项羽则率诸侯军南下，围攻章邯长达 8 个月。

而正当项羽与章邯鏖战对峙时，刘邦率领另一支起义军取道南阳向武关进发，直插关中，从而使得秦帝国无法对章邯提供进一步的支援，也切断了章邯的退路。

最终，项羽迫降了章邯军团。而刘邦则最终突入关中，打垮了留守秦军的抵抗。

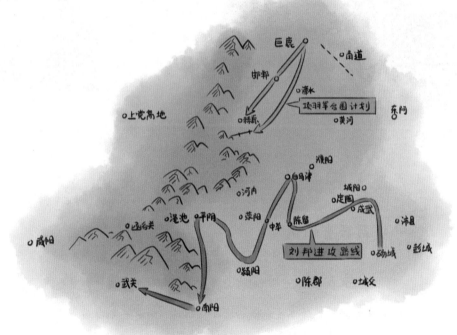

134

之后，秦朝宰相赵高想要与刘邦谈和，弑杀了二世胡亥，立二世的侄子（一说为兄弟）子婴继位，贬去帝号称秦王。不久，子婴又袭杀了赵高。

秦二世三年（公元前207年）十月，刘邦攻入咸阳，子婴投降。至此，秦帝国在存了十一年后，彻底灭亡了。

子婴以绳系颈，乘素车白马，捧着皇帝的玺印，出城迎接刘邦。

冷兵器有话说

后人往往记住了项羽在巨鹿创造的奇迹与传说，却对秦始皇的评价毁誉参半，争论千年。但是，自从秦朝以后，哪怕在此期间出现了像南北朝、五代这样持续几百年的大乱世，那些能幸存下来的人们只要有一丝一毫的机会，也会挺身而出来复兴这个国家。最后，也一定会有人再一次把中华大地统一成一个完整的国家，让人民的生活远离战争和苦难。大一统，也成了此后中华文明2000多年里的核心基因。

在这片方圆万里的中华大地上，人们说同样的话、读同样的书、写同样的字、做同样的事，有着共同的信仰、有着共同的文化和传承，将紧密地团结在一起视作天经地义和理所当然。这就是秦始皇留给我们后人的最伟大遗产。

封狼居胥

汉帝国的大征服时代

要

点

汉武帝北伐匈奴是中国军事史上的标志性重大事件，霍去病封狼居胥的壮举更是被视为中原王朝的最高军功。这一切的背后，是汉帝国所拥有的世界顶尖的 10 万骑兵进行千里远征的军事实力。

该章节将探讨：中国骑兵的出现与崛起历程。"胡服骑射"是否像很多人认为的那样具有划时代的意义？汉帝国是如何在立国数十年后，就拥有组织骑兵大兵团战略进攻的实力？骑兵又如何掌握了在大漠草原进行长途奔袭作战的能力？长城在面对北方少数民族政权的作战中发挥着怎样的军事作用？

军事领域的核心分析：中国人对一个新兴的兵种——骑兵，从接触到学习，再到纳入中国军队的战术体系，最终发展出世界顶尖的骑兵军团。

扩展性知识点：汉武帝将骑兵作为核心军事力量，都进行了哪些军事改革？汉帝国是如何积累起供养 10 万规模骑兵与数十万军马的财政与社会基础？汉帝国时期，马镫还未发明，无马镫骑兵是如何进行作战的？中国车具与早期马具是如何发展的？作战智慧中的数学与统筹因素有哪些？

出场人物表

汉武帝：刘彻，汉朝皇帝，中国历史上最著名的皇帝之一，与秦始皇并称为"秦皇汉武"。

卫青：官拜大将军，汉武帝第二任皇后卫子夫的弟弟。

霍去病：官拜骠骑将军，汉武帝第二任皇后卫子夫的姐姐卫少儿的儿子。

主父偃：官拜中大夫，汉武帝最信任的政治顾问之一。

严安：武帝文学侍从之臣之一，与司马相如等俱被尊学。

徐乐：汉代大臣。

匈奴人：群演。

前情提要

西汉元狩四年（公元前119年）春，汉武帝发雷霆之威，誓要毕其功于一役擒拿单于，将匈奴彻底击溃。天子之怒，伏尸百万，流血千里，骠骑将军霍去病随即奉命率领5万骑兵出征。他跨越大漠戈壁北上两千多里突袭匈奴，创造了中国历史上彪炳千秋的传奇。

匈奴，是生活在古代中国北方大草原上的一支游牧民族，人人精于骑射，战斗力很强。他们逐水草而居，但其统治者也常率众南下对中原地区肆意劫掠破坏。

后来，匈奴人趁着秦末时期中原各方忙于内斗的机会，建立起了一个空前强大的游牧帝国。汉高祖刘邦就曾经在他们手里吃过大亏，被冒顿单于围困在白登山七天七夜，差点儿不能脱险。

到了汉武帝开始执政的时候（公元前141年），经过了70年的休养生息，汉帝国已经极度繁荣富庶，国力远远超过匈奴，于是开始考虑解决边患问题。

国虽大，好战必亡！当初高祖在白登山被围之后，知道打不过匈奴，然后就开始和亲了，这才维持了这么多年的和平。

打起仗来，只有这些将官们因为受到封赏而获利了，天下苍生可是一点儿好处也没有啊。

打仗就会民生凋敝，秦朝那种土崩瓦解的局面不可不防啊。

面对匈奴连年对边境日益疯狂的劫掠，汉朝君臣终于忍无可忍。凭借着强烈的战斗意志和雄厚的财富积累，开始了对匈奴的反击。两大帝国争霸的大幕就此掀开了。

然而，在元光六年（公元前129年）和元朔元年（公元前128年），连续两次的远征并不成功。汉军因此调整战略，决定集中兵力先打实力相对薄弱的敌人。 此外，当时汉帝国全国养马蔚然成风，仅官马就已经有40余万匹。战马的来源充足，汉军的战术也因此做出了重大转变：放弃行动迟缓的步兵和战车，全部使用骑兵发动进攻。

生当五鼎食啊!

卫青啊,前面那两仗,公孙贺、李广都打得不行啊!也就你没让我失望。我现在派你带人去河套那边跑一趟,你敢去吗?

当然敢去了啊!我定不负所望,您就瞧好吧!

元朔二年（公元前127年），车骑将军卫青领兵出云中郡，沿黄河自东向西长途迂回，切断了河套地区与匈奴腹地的联系。然后继续迅速沿黄河西岸南下到陇西，从侧翼突袭了楼烦[1]、白羊[2]二部。此战歼敌数千、获牛羊百万头，楼烦、白羊二王仓皇北窜。这片沦陷于匈奴近百年的广袤地区终于被重新收复，这是汉军对匈奴作战的第一次重大胜利，成了战争形势的一个重要转折点。

一帮匈奴人骑马狼狈逃窜……

元朔五年春（公元前124年），卫青率三万骑兵出高阙，其他6位将军出朔方、右北平，共计十余万人对匈奴发动进攻。他们远出长

1　楼烦：指古时北方部落的一支。其约在春秋之际建国，其疆域大致在今山西省西北部的保德、岢岚、宁武一带。
2　白羊：指古时北方部落的一支。

城防线近七百里，乘夜包围了匈奴右贤王¹部，然后发动奇袭。毫无防备的右贤王在惊恐之下，仅和身边数百骑兵连夜突围逃走。其余右贤裨王10余人、15 000余名部众、牛羊百万只，都被汉军俘获。这是汉军前所未有的巨大胜利。

　　自元朔二年以来，汉军的进攻时间特意选择在每年的初春到初夏。在这段时间里，因匈奴人的马匹以吃草为主，所以整体兵力在刚刚越冬后最为羸弱。而汉军的马匹因为可以吃粮食，所以体力没有特别大的损耗。

　　因此，汉军在这个时间段里发起攻击，匈奴人的马力自然会疲弱得难以溃围而出，同时大量处在产羔期的牲畜死亡或被捕获，也让侥幸逃走的匈奴人难以再维持生计。

　　以前汉军出征作战，必须携带大量粮草辎重。不但转运消耗巨大，而且在作战的灵活性和机动性上，也会远远落后于匈奴人。而现在，汉军既然能对匈奴人的定居点了如指掌，那也就可以采取和匈奴人一样的方式——取食于敌——来解决粮草问题了，即自己不再携带粮草辎重，完全靠劫掠敌人的粮草来不断获得补给。

　　于是，汉军就可以集中骑兵主力，在短时间内进行大范围机动穿插，迅速包围突袭、击溃匈奴人。自此，迂回包抄战术几乎应用到了之后的每一次战役，效果屡试不爽。

嗯，你这个"以彼之道，还施彼身"的玩法玩得很溜啊，早就该这么干了！但是，问题也随之而来了。

你们深入草原、戈壁，转战千里，是如何找到准确的行军路线的呢？你们难道就不怕半道迷路走丢了吗？

这主要是因为咱们队伍里有不少活地图，他们大多是因为部族矛盾才投靠过来的匈奴人。

这些人作战勇猛、忠诚可靠，而且熟悉北方的地形风貌，了解各部族的游牧路线、作息规律、驻扎地点。

有了他们当向导，咱们就可以做到挺进千里、一击即中！

哎呀，不错不错，你还真有两下子！我现在就提拔你当大将军，让李广、苏建、公孙贺、李息……所有这些名将军们都通通归你指挥。

　　元朔六年（公元前123年）春夏，卫青连续二次率兵出塞对匈奴发动奇袭，继续取得了前所未有的巨大胜利，史称漠南之战。

　　然而，即便汉军把以前存在的短板都补齐了，但总归还是要靠打一仗才能分胜负的。在卫青依靠千里迂回的奇袭战术，不断取得重大胜利的同时，汉军自身的伤亡人数也很巨大。连年征战下来，汉军士兵和马匹的损失，已经达到了十多万。

　　不过，让人惊喜的是，也正是在元狩六年四月的这场战役中，大汉的另一颗将星霍去病开始闪耀登场。年仅十八岁的他，率领八百轻骑孤军深入敌后数百里，生擒了匈奴相国、当户、单于的叔父等高官，斩杀了包括单于祖父在内的2000多人。

卫青啊,你看看小霍这孩子这次打得不错,年纪轻轻的,就比那些老将军们能打。一往无前、勇冠三军,封他作冠军侯吧!

谢圣上!

元狩元年（公元前 122 年），长安未央宫内……

小霍，这位是张骞。想当年，我就是在这里送他代表我们大汉出使西域的。他前年才刚回来，这前前后后一共 13 年啊，他吃的苦受的罪就别提了，那事迹老感动人了！

最重要的是，他带回来的关于西域的情报太有价值了！我们要联合西域那些国家共同对抗匈奴。

闻鼙鼓而思良将，现在那些老将军们打起仗来都没有锐气了，难堪大任啊！

我现在任命你为骠骑将军，你明年春天就带人去河西那边跑一趟。而任务就是要把在那儿的匈奴人都给我连锅端了，打通咱们中原和西域的联络通道，你敢去吗？

这有什么不敢去的？我定临危不惧、奋勇杀敌，您就瞧好吧！

元狩二年（公元前121年）春，骠骑将军霍去病率领一万骑兵出陇西。他转战六日，过焉支山1000多里，合短兵，取得了"杀折兰王，斩卢胡王，诛全甲，执浑邪王子及相国、都尉，首虏8000余级，收休屠王祭天金人¹"的重大战果。

到了夏天，霍去病再度率领数万人马西渡黄河，北越贺兰山，过小月氏抵达祁连山，从匈奴军的侧后方出其不意地发起了攻击。此役，匈奴军3万余人战死，单桓王、酋涂王等大批匈奴贵族被俘，汉军再次取得了空前的胜利。

哈哈哈哈！我的大将军啊，你这次可又立大功了！

1　出自《史记·卫将军骠骑列传》。

连咱们飞将军李广这样顶尖儿的骑射高手带兵出去，也被匈奴人打得最后只有二成的人马能活着回来。

可为何你打了这么个大胜仗，伤亡还这么少呢？你赶紧给我说说。

请听臣慢慢道来……

咱们中原人的骑射战术，是当初赵武灵王搞胡服骑射的时候，从人家匈奴人那模仿来的。

咱用人家从小就玩得手到擒来的技术去攻打人家，相当于"以己之短攻彼之长"，付出的代价当然会相当大了。所以，我就想着得变个花样儿，用咱们玩得熟的办法去攻打他们。

那你玩的什么新花样儿？

深入敌后迂回包抄的战术实在是太好使了，匈奴人根本没有防备。

不过呢，和以往不一样，这次把敌人合围以后，就不再跟他们拼箭法了。就趁着他们混乱的时候，立刻把他们往一块赶，让他们没办法骑马到处跑。换句专业术语，这就叫"挤压敌军在战场上的机动范围"。

他们的马由于这时候刚过完冬，瘦得跟皮包骨一样，根本跑不动，没一会儿就被我们给赶到一块儿去了。

嗯，然后呢？

然后呀……

然后，我就让骑兵手持长戟、长矛列阵开始对匈奴人冲锋。

一旦进入近距离格斗战，那咱们的优势立刻就凸显出来了。没等他们的小马刀伸过来呢，咱们三米多长的大长戟就已经将他们刺杀了。他们的骑射技术发挥不出来，只能站在那给我们当靶子。

这个其实就是，把咱们步兵玩了多年的冲击陷阵的战术，移植到了马背上。这样的战术简单粗暴，但是绝对有效！

草原上，一群汉军骑兵向敌军发起冲击，他们一手挽缰控制方向，一手把长戟夹在腋下，催马快速奔跑刺向迎面的敌人。在巨大的惯性冲击之下，面对这么锋利的兵刃，手拿弓箭和马刀的匈奴人纷纷被刺落马下。有些匈奴人开始逃跑，也被后面追上来的汉军刺死。

这个时期的匈奴人的武器还是铜铁并用，防具也只是皮甲和木盾。而汉军骑兵大多身披铁甲，手持锋利的铁制长戟、长矛和马刀，武器装备上的优势巨大。

不过，因为当时还没有高桥马鞍和马镫，汉军骑马作战时始终是两脚悬空。所以，在完成刺杀动作的时候，既难以靠双腿和腰发力，也无法控制身体平衡。这样一来，刺中敌人时的巨大反作用力，很容易就会使得骑兵被震落马下造成摔伤。再加上冲锋的时候战马被射中摔倒，也会导致骑兵被摔伤和压伤。这就使得汉军在占优势的情况下，依旧还会有30%左右的伤亡。这也就是所谓的"师大率减什三"。

小霍啊，打通河西走廊你真是立了大功了！我现在想赏给你几套好宅子，你也老大不小了，该成家了！

匈奴未破，何以为家！

多少年了，我们汉军只能苦守要塞壁垒，眼巴巴地看着匈奴人来去如风，毫无顾忌地四处侵袭劫掠。

可是现在呢，我们的行军速度比他们还快，穿插得比他们还远，他们经常半夜里还做着梦就被我们大部队包围了。

哈哈哈哈，好小子，真有志气！你看看咱们准备了这么多年，有了几十万匹战马，有了好武器，有了悍不畏死的战士，现在又有了你这样知己知彼勇猛善战的统帅，真是天助我大汉啊！

现在轮到匈奴人彻底蒙圈了，我相信，离彻底消灭他们的日子不远了！

因为霍去病立下的赫赫战功，河西这片的匈奴人最为肥美的牧场成了汉朝的养马地。河南、河西这两片膏腴之地在短短三年内尽入汉朝之手，匈奴人因而哀歌："失我祁连山，使我六畜不蕃息；失我焉支山，使我妇女无颜色。"此消彼长之下，匈奴开始了不可逆的衰落。

身披铠甲纵横千里的汉军骑兵的出现，极大地震慑了西域诸国。汉朝在与匈奴争夺对西域诸国控制权的斗争中逐渐掌握了主动权，影响力也从此开始投射向了更遥远的地方。河西走廊从此成了连通中华文明与整个世界的要道。

一旦我们骑兵北上的时候得不到补给，丧失了战斗力，他们就可以趁机捡便宜。

听起来挺厉害啊。可是，这些鼠辈根本想象不到我们大汉王朝的实力是有多么强大！这次我们就来个将计就计，就用我们自己的粮草补给打他个措手不及。

卫青、霍去病，你们俩各率五万骑兵分兵两路北上，战马和骡马给你们准备了14万匹，给你们做接应的步兵也有30多万人。这次务必要活捉单于，毕其功于一役，把匈奴彻底打垮！

　　元狩四年（公元前119年）春，大将军卫青与骠骑将军霍去病自定襄、代郡齐头并进开辟东西两个战场。诸如李广、公孙敖、赵破奴、路博德这些名将们也悉数登场，出任二位将军所属各部队的统兵官，一起上阵杀敌。

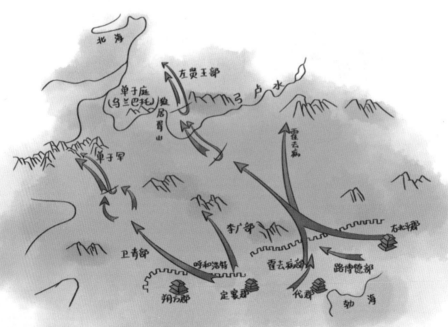

北方的匈奴人也闻风而动，集中了全部人马、牲畜、物资撤退到大漠以北设下埋伏，意图围歼远道而来缺乏补给的汉军。

这一场战役，是汉匈双方战略、战术、智慧、实力的总决战。

卫青率 5 万骑兵出定襄，跋涉千余里渡过大漠，遭遇以逸待劳的伊稚斜单于主力，双方展开激战。卫青于伸手不见五指的漫天风沙之中，抵挡住了匈奴的正面进攻，同时发动两翼包抄合围，击杀匈奴 19 000 余人。

伊稚斜单于趁夜只带了数百亲随溃围而逃，卫青乘胜追击，但最终还是让单于逃脱了。在把匈奴人存放在赵信城中的所有粮草、军资储备一把大火焚烧殆尽之后，卫青得胜而归。

霍去病率领 5 万精锐出代郡，穿越大漠戈壁长途奔袭 2000 余里，对匈奴左贤王部发动了出其不意的猛烈突袭。如同摧枯拉朽一般地斩杀匈奴 7 万余人，俘虏屯头王、韩王等 3 人，俘虏将军、相国、当户、都尉 83 人，兵锋一直远至瀚海，再创了空前战果。

霍去病率大军在狼居胥山举行了祭天封礼，在姑衍山举行了祭地禅礼。

 冷兵器有话说

　　此次漠北之役的战斗结束后，匈奴人远遁、龟缩于漠北，从此漠南再无王庭。霍去病率领汉军将士，在异域的大漠黄沙中祭告天地，勒功而返，给世间留下了"封狼居胥山，禅于姑衍，登临瀚海"的不朽传奇，从此成为中原王朝军人的最高人生追求和奋斗的梦想。

火烧赤壁 群雄并起的三国乱世

赤壁之战因《三国演义》而广为人知。真实的赤壁之战到底是如何打的？真有诸葛亮借东风一事吗？

该章节将探讨：历史上真实的汉末群雄与三国时代到底是什么样的？以强横而闻名的汉帝国为何会衰亡而进入乱世，赤壁之战为何能开创三国时代？

军事领域的核心分析：从东汉时期就开始发展的坞堡等城防体系。武力从国家开始部分向私人手中分散的私兵部曲制、部落兵制，以及新出现的府兵制。

扩展性知识点：马镫的发明。重装骑兵的发展萌芽。董卓为何能祸乱洛阳？世家大族对于国家与知识的把控，地方豪强的形成，寒门对于政治权力的追求。困扰此后中国 2000 年的地方武力与中央军力的分配与布局问题。

曹操：挟天子以令诸侯的汉朝丞相。

刘备：左将军，皇室宗亲。

张飞：三国时期蜀汉名将，刘备手下最重要的武将之一。

诸葛亮：三国时期蜀汉丞相，刘备手下最重要的智囊。

孙权：三国时期孙吴开国皇帝，江东孙氏集团的领袖。

鲁肃：东汉末年杰出战略家、外交家，孙权手下最重要的智囊之一。

张昭：三国时期孙吴重臣，孙权手下最重要的智囊。

周瑜：汉末名将、军事家，孙权手下最重要的武将。

黄盖：东汉末年名将，周瑜手下的部将。

前情提要

东汉末年，曹操在不费吹灰之力占领了荆州之后，率领大军顺长江而下，意图消灭割据江东的孙权。在这个英雄辈出的时代里，最为脍炙人口的赤壁之战就此拉开了序幕。

三国的故事一切源于东汉后期，政治和社会秩序的逐渐崩坏。

外戚与宦官忙于争权夺利，对连年的西羌战争和频频发生的天灾、疫疠给民间造成深重灾难漠不关心，为黄巾起义的出现埋下了"祸根"。

士大夫阶层的清流与浊流，党争不断，脆弱的权力平衡已经濒于崩溃，给朝廷造成了严重的损耗。

官僚世家，垄断了文化知识的传播，依靠遍布天下的门生故吏、士族大家在中央和地方政府内形成了盘根错节的庞大势力，把持控制了朝政，既阻断了寒门贫民子弟的上升的通道，导致了朝野的离心，又严重削弱了君权的统治。

豪族大姓，借由政治的崩坏开始兼并土地、武断乡曲，积累下了"膏田满野，奴婢千群，徒附万计……"的巨额财富。而当出现动乱的时候，他们组织自己的部曲、田客，以村落为基础构筑起被称为"坞"的小型军事堡垒抵御兵祸。这种由经济上的自给自足发展到军事上的武力自保，进一步削弱了政府对民间的控制。

地方州郡官员，假借平息骤然爆发的黄巾起义而摇身一变，成了集监察、行政、军事大权于一身的割据军阀，武装力量逐渐脱离中央政府掌控开始向私人手中分散，中央政府的权力被迅速肢解。原本不在地方维持常备军队，军队也不听从于个人固定指挥的旧有制度被完全破坏。地方军力与中央军力的分配出现了严重失衡。这种支强干弱的局面，在此后的1000多年中，不停地反复循环出现。

中平六年（公元 189 年），大将军何进谋诛宦官，命令当时掌握着全国最强大军力的并州牧董卓，率军进京为援手。然而何进很快被宦官所杀，董卓于是乘机夺权。他更换了皇帝，自命为相国，总揽朝政。在这些重重的打击之下，国家终于开始陷入四分五裂的状态，汉朝由此开始名存实亡。

而在地方上，大小军阀之间的相互争斗也开始此起彼伏，曹操于其中逐渐脱颖而出。他依靠地方豪族建立起强大的武装，以士人为幕僚班底，又不拘一格地招揽任用虽然出身寒门、名望不佳却拥有实际能力的人才，再凭借挟天子以令诸侯的政治优势，最终在十余年间以弱胜强，先后击败和消灭了袁术、吕布、袁绍等割据势力，统一了北方中原地区。

建安十三年（公元208年）七月，已经统一了北方，并成为丞相的曹操，举兵南下进攻荆州，荆州牧刘表病死，他的儿子刘琮不战而降。刘备被迫带领数万民众向江陵转移。曹军5000名最精锐的骑兵南下追击，一日一夜急行军300多里，将毫无防备的刘备在当阳一击而溃。

在长坂坡，张飞带了20名骑兵断后……

曹军大眼瞪小眼，最终也没有一人敢过河一战，刘备于是得以顺利逃脱。

我刘备可得赶紧逃喽！

知识扩展

重装骑兵具有强大的机动性和巨大的杀伤力，自东汉后期以来，战场地位逐渐得到提升。骑兵的铠甲越来越厚重，而为了使骑兵的身体在进行刺杀攻击的时候能保持稳定，就要加高马鞍的前后鞍桥，但这同时

也带来了骑兵上马困难的副作用。

于是作为上马辅助工具的单马镫，也就随之开始出现了。高桥马鞍、单马镫、具装马铠的出现和广泛应用，为日后硬质双马镫的发明和南北朝时期具装甲骑的出现奠定了基础。

刘备南逃的路上，遇到了受孙权委派主动来寻找他的鲁肃。几番互相试探之后，刘备欣然接受了鲁肃提出的孙刘两家共同对抗曹操的建议。他退守夏口，同时派诸葛亮去江东会见孙权。

孙将军啊，曹操这说到可就要到了，你到底是什么打算啊？曹操现在可是打遍天下无敌手了，要不，你干脆就投降他算了。

哟呵，投降？那为什么你们刘将军不投降啊？

刘将军可是皇室贵胄，他英才盖世、受万人敬仰、甘愿舍生取义，怎么可能投降曹操呢？

行啦，别糊弄我了，刘将军在长坂坡都被曹操虐成什么样了，他还拿什么打啊？

早猜到孙将军会有此问，我这有份分析报告，你先看一下。

以下为诸葛亮的分析报告：

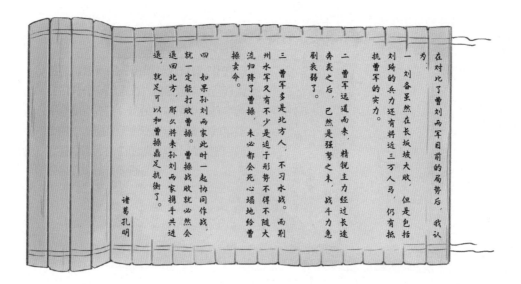

在对比了曹刘两军目前的局势后，我认为：

一 刘备虽然在长坂坡大败，但是包括刘琦的兵力还有将近三万人马，仍有抵抗曹军的实力。

二 曹军远道而来，精锐主力经过长途奔袭之后，已然是强弩之末，战斗力急剧衰弱了。

三 曹军多是北方人，不习水战。而荆州水军又有不少是迫于形势不得不随大流归降了曹操，未必都会死心塌地给曹操卖命。

四 如果孙刘两家此时一起协同作战，就一定能打败曹操。曹操战败就必然退回北方，那么将来孙刘两家携手共进退，就足以和曹操鼎足抗衡了。

诸葛孔明

在江陵……

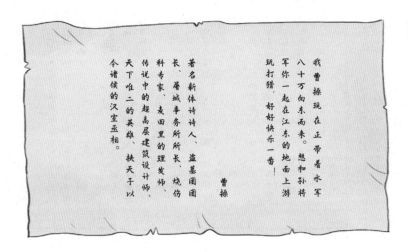

孙权看完报告连连点头，对诸葛亮的判断极为赞同。但是他还没来得及高兴，就有人送来了一封曹操的书信。志得意满的曹操在给孙权的信里，是这样写的：

> 我曹操现在正带着水军八十万向东而来。想和孙将军你一起在江东的地面上游玩打猎，好好快乐一番！
>
> 曹操
>
> 著名新体诗诗人、盗墓团团长、屠城事务所所长、烧伤科专家、麦田里的理发师、传说中的超高层建筑设计师、天下唯二的英雄、扶天子以令诸侯的汉室丞相。

孙权把来信交给官员们传阅，众人无不震惊失色。

其实，曹操在此次南征之前，既没有想到荆州会唾手而得、刘备会被一击而溃，更没有做好渡江与孙权打仗的军事预案。于是就在进攻准备还没有就绪的时候，先使出这一招威胁要与孙权会猎于江东的攻心术，要先声夺人震慑扰乱江东的军心。

在柴桑，张昭劝孙权投降……

曹操代表朝廷本来就占据着道义制高点。现在又占领了江陵，获得数万水军、千艘战船，长江天险这下对他也没用了。

现在是敌众我寡，毫无胜算啊！不如马上就去欢迎曹操来打猎吧！

　　孙权的哥哥孙策当初依靠着由淮泗地区流寓江东的豪族建立起来的班底，用武力击败了刘繇[1]、王朗[2]、严白虎[3]等势力，然后在其他江东本土豪族的支持下建立了孙氏政权。但是为了要巩固统治，就必须付出足够多的代价去取得这些江东本土豪族的长期拥护。于是，在给予和照顾这些豪族利益的同时，还承认了他们的领兵权。

　　作为豪族代表的将领们所率领的士兵都是他们的私人部曲，将领对所统率的士兵可以世袭统领，父死子继、兄终弟及，就这样形成了孙氏江东集团特有的世袭领兵制。但同时，当将领死去以后，如果没有成年的子侄兄弟可以继承他的部曲，那么他的部曲就会被整编入其他将领的麾下。如此一来，将领所在的家族立刻就会没落。因此，以这些将领为代表的在很大程度上靠着自己豢养的私人武装来保证地位的江东本土豪族们，在面对强敌的时候，都会有比较严重的畏战心理。

　　而以周瑜、鲁肃为代表，出身淮泗地区的将领们却一直志在逐鹿中原。他们设想的是，"鼎足江东，以观天下之衅……竞长江所极，据而有之，然后建号帝王以图天下""得蜀而并张鲁……好与马超结援……据襄阳以蹙操，北方可图也"。这就与奉行本位主义，以保存实力为优先考量的江东本土豪族的利益和追求大不相同。

1　刘繇，东汉末年宗室大臣，汉末群雄之一。
2　王朗，汉末至三国曹魏时期重臣、经学家。
3　严白虎，东汉末年盘踞吴郡一带的地方豪帅。

在柴桑，鲁肃也在极力劝诫孙权……

千万别听张昭他们忽悠你，现在是谁都可以降曹，唯独你不行。

我投降了，照样可以根据给我评定的品第，回老家混个不错的官儿当当。可是将军你呢？你投降了以后还能去哪啊？

赶紧把周瑜喊回来商量对策吧。

周瑜从番阳回到柴桑后，立刻向孙权汇报了他对局势的判断。

1. 马超、韩遂在关中一带割据，曹操的后方并不稳固。

2. 曹军舍弃了骑兵的优势要和我们打水战，这就是以短击长。

3. 进入冬季以后，曹军的战马缺乏草料补给。

4. 曹军都是北方人，到了南方水土不服，一定会出现大范围疫情。

5. 曹操号称自己有 80 万部队，其实最多不过就是十五六万疲惫之师，再加上七八万还没有真心依附的荆州降兵。

6. 曹操现在犯了这么多兵家大忌，却还要冒险发动进攻，那么他的失败就注定不可避免了。

这回，孙权算是下定决心抗曹了……

我与曹贼势不两立，谁敢再说投降曹操，下场就和这桌子一样！

　　孙权随即任命周瑜、程普分别为左右都督，率领3万人马前往夏口与刘备会合。不久，曹军由江陵顺江而下，准备在陆口登岸之后向江东腹地水陆并进。但不料却在赤壁遭到了周瑜水军的迎头痛击，只好退到长江北岸的乌林，与南岸的孙刘联军隔江对峙。

　　这一战的详情由于没有史料记载，具体情况不得而知。但是这场胜利，粉碎了因投降论、速亡论所带给江东将士们的阴影。对于孙刘联军来说，其意义重大。此外，这也有效阻止了曹军在陆口登陆，使得曹军只能和孙刘联军通过水战进行较量，导致曹军骑兵部队在陆地上作战的绝对优势根本发挥不出来。孙刘联军把战争的主动权开始掌握到了自己手里。

在赤壁，黄盖正向周瑜献策火攻。

现在敌众我寡，长期僵持下去对我不利啊，咱们得主动点儿。

说说你的想法。

我先去诈降，然后出其不意发动火攻烧了他们的船。

你这个计策太高了。高，实在是高！

　　曹军舰船在滩涂宽阔的长江北岸停靠，为了保持防御的阵形和防止船只被江流冲散，所有的船只就都不得不用绳索紧紧地连接在一起。这样一来，舰船的稳定和士兵日常的训练就得到了保障，但同时也因此完全丧失了机动性。黄盖极为敏锐地发现了曹军这个致命的破绽。

　　他先给曹操送信诈降。然后在约定的日子，以燃料、油脂、枯柴与硫黄等火具装填满10艘大船伪装成粮船，向曹操的江北大营而去。

　　午夜，江面上的风势又大又急，10艘巨舰扬帆齐驰曹营。在即将接近岸边的时候，黄盖命令点火。江东巨舰如离弦之箭一般，迅猛地撞到了曹军停在岸边的战船，所有的船只在顷刻之间被引燃了，大火借风势又烧着了岸上的营寨。浓烟滚滚烈火熊熊，曹军人马被烧、溺，死者无数。

周瑜在远处的战船上看着岸上四处蔓延的大火，放声大唱……

你就像那一把火，熊熊火光照亮了我。

知识扩展

赤壁的西北方有云梦泽，东南处有幕阜山，这个地形因素形成的热力性质差异，就会改变局部地域的气象。在白天，幕阜山的山体比热小，受日光照射后形成低压；云梦泽的湖泊比热大，升温慢形成高压，形成了西北风。晚上，幕阜山的山体比热小、降温快，形成高压；云梦泽的湖泊比热大、降温慢，形成低压。高压地区气流向低压地区流动，就形成了东南风。

哎，这场战役真是让我损失惨重啊！算了，啥也不说了，率军退回北方好好休整一下吧……

损失惨重的曹军，仓皇退往江陵，孙刘联军水陆并进，一路紧追不舍。曹操担心后方不稳，留曹仁、徐晃继续留守江陵，乐进镇守襄阳，自己则率大军退回北方休整。

 冷兵器有话说

在赤壁之战中，孙刘联军同仇敌忾击败了强敌，这要归功于战略与战术的运用得当。这是历史上著名的以少胜多的战例，也成了曹操、刘备、孙权三家形成鼎足分立之势的关键。

这一年，曹操54岁，他在此战之后放弃了武力吞并江东的希望，全力向西攻略——平关中、平凉州、平汉中，占据了大约三分之二的汉朝领土。

这一年，刘备48岁、诸葛亮28岁，他们不久后就与孙权达成协议分割了荆州，又在建安十九年（公元214年）西取益州，占据了长江上游流域。

此战之后，曹、孙、刘三家鼎立之势渐成。那个因为曾经宣告过"凡日月所照，皆为汉土，江河所至，皆为汉臣""明犯强汉者，虽远必诛"这样的史上最强音而震古烁今的大汉王朝，再也没有了可以从头再来的机会。就这样，延续了400年气运的汉朝，就此消亡在历史的长河中。

淝水北府 南北弄立的重装骑士时代

要点

前秦苻坚的轻敌，东晋谢安、谢玄的沉稳，北府军的善战，让淝水之战作为中国历史上以少胜多的著名战例，形成了此后 200 多年南北并立的历史态势。

该章节将探讨：前秦动员历史上空前的 80 万大军，为何却惨遭败绩？东晋赢得了淝水之战的辉煌胜利，为何却没能成功地北伐中原？

军事领域的核心分析：南北朝时期兴起的甲骑具装，到底拥有什么样的战斗力，以至于在魏晋南北朝的诸多历史节点上能起到的关键作用有哪些？是什么样的经济社会和军事科技发展背景让甲骑具装在乱世里脱颖而出？以步制骑又该怎么打？

扩展性知识点： 南北朝乱世，大举南下的北方少数民族以及其所建立的政权，在顺应中原王朝发展体系的前提下，对自秦汉以来所建立起来的古典中国社会几乎进行了一次全方位的重构，其直接表现在兵种、战术军制等诸多方面。世家大族于南北朝时期在政治、军事、经济等领域所起的作用。军事科技的进一步发展。与西域交流、丝绸之路的作用。衣冠南渡对南方的开发。

符坚：前秦皇帝，氐族人。

朱彤：前秦时期名将、军事家、政治家。

权翼：前秦时期大臣、政治家。

符融：前秦大臣，符坚的弟弟。

朱序：前秦大臣，东晋原先负责镇守襄阳的将军，遭前秦俘虏后被任命为度支尚书。

谢石：东晋大臣，谢安的弟弟，谢安为主持朝廷政务的东晋宰相。

谢玄：东晋大臣，北府兵首领，谢安的侄子。

谢琰：东晋大臣，谢安的儿子。

石越：前秦大臣。

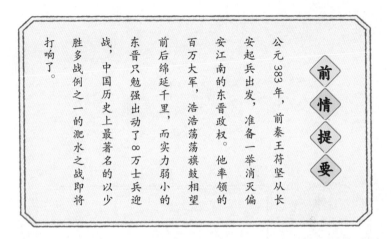

公元383年，前秦王苻坚从长安起兵出发，准备一举消灭偏安江南的东晋政权。他率领的百万大军，浩浩荡荡旗鼓相望，前后绵延千里，而实力弱小的东晋只勉强出动了8万士兵迎战，中国历史上最著名的以少胜多战例之一的淝水之战即将打响了。

公元357年，苻坚继前秦国帝位。公元382年，前秦帝国版图东极沧海，西并龟兹，南括襄阳，北尽沙漠，中原地区已经全部统一于他的势力之下。西北的大宛、康居、于阗以及天竺等62国，也都遣使和苻秦建立友好关系，只有占据东南一隅之地的东晋还在同它对峙。

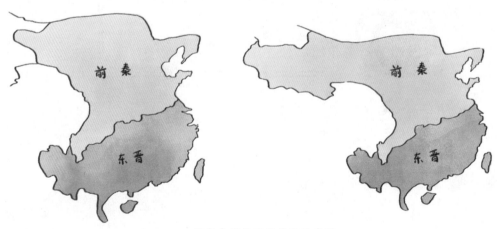

前秦帝国的版图变化示意图

就在公元 382 年的春天，前秦与东晋双方在荆州和淮北地区已经开始了规模颇大的局部战争，而一场决定双方命运的大决战正在开始酝酿。十月，苻坚召集群臣对南征东晋展开讨论。

别人也都说说吧。

坚 决 支 持

我反对！

如今晋国虽然衰弱，但是谢安、桓冲都是当世人杰，他们君臣和睦、内外同心，依我看来现在还真不是南征的好时机啊！

夫差、孙皓全都据有长江之险，不一样早都被灭了吗？如今我们有百万雄兵，将士们把马鞭子随手扔到长江里，就能让长江断流，这算得上什么天险啊！

算了，你们都别说了。还是我自己来决定吧！

知识扩展

之所以包括符坚的弟弟、儿子、爱妾在内的这么多人都坚决反对符坚在此时南征，是因为他们看到了隐藏在这个强大帝国表面下的巨大隐患。

符坚在继位后的20多年时间里，灭前燕、灭前凉、灭仇池氏、取东晋的梁益二州、灭代、挺进西域，四处征战从未停歇。穷兵黩武早已让国家财政濒于枯竭、士兵疲惫厌战，然而根本不懂军事的富豪子弟们，却把南征看成了最后一次升官发财的机会，不但争先恐后地入伍混个一官半职，还拼命怂恿尽快开战。

公元 383 年，苻坚不顾众人的反对下令南征。在全国各州郡内，征用所有公私马匹，在每十个成年人中抽选一人参军，共聚集步兵 60 万、骑兵 27 万。任命征南大将军苻融为前锋都督，指挥慕容垂率步骑 25 万先行南下占领淮河与颍水交会的颍口，兵锋直指东晋首都建康。

前秦军队的进军路线

东晋收到消息后，立即任命谢石为征讨大都督，派遣前锋都督谢玄率 8 万人抵抗前秦，又命令胡彬带领 5000 名水军紧急增援与颍口隔河相望的军事重镇寿阳。

东晋军队的进军路线

知识扩展

　　经历了中原的惨痛失败以后，西晋的原有军队消耗殆尽，南渡的东晋政权陷入了严重的兵源危机[1]。士兵主要是由征发的奴隶、罪犯以及流民组成，毫无战斗力可言。所以，世家大族的私人部曲自然成了东晋军队的主要来源。

　　这些世家大族，在经济上，倚仗权势兼并、侵占土地，"以货殖为务，有田万顷"；在政治上，他们世代高官，"公门有公、卿门有卿、衣冠不绝"。继而又通过遍布天下与他们存在着主从关系的门生故吏，逐渐形成了势力盘根错节、无比庞大的利益团体，从而掌控了国家政治。

　　1　晋朝（公元 266 年～公元 420 年）上承三国，下启南北朝，分为西晋与东晋两个时期。公元 317 年，西晋灭亡。次年，皇族司马睿在建康称帝，史称东晋。

西晋军队   东晋军队

而东晋开国之时，全靠琅琊王氏的王导、王敦兄弟扶持，以致当时的百姓都唱着"王与马，共天下"的民谣。在这种门阀政治之下，王权完全受制于各世家大族的盛衰与平衡。

这种由各个世家大族私人部曲组成的军队虽然人数众多，但是门阀士族们出于保存各自实力或者争夺权力的目的，就会导致部队整体的战斗力大打折扣，难堪重任。面对北方前秦帝国日益增大的威胁，建立一支新军应对将会发生的战争，就成了各个世家大族的共同愿望。

谢玄正训练指挥"北府兵"

　　几年前，在东晋宰相谢安开始主持政事之后，招募从北方流亡南下的农民组建新军，由他的侄子谢玄负责训练指挥，号称"北府兵"。他们经过长期的训练之后，战斗意志极为坚强、战斗力极为强大。这支北府兵就是谢玄率领的8万晋军的主力。

　　到了十月，前秦军渡过淮河攻下寿阳，驰援而来的胡彬[1]听到消息后退守硖石城[2]。但是前秦军不但立刻包围了硖石，还派兵5万进驻洛涧[3]，截断淮河水道阻拦东晋的援军。谢石畏惧前秦军的强盛，不敢再前进，就在距离洛涧25里的地方驻扎下来。不久胡彬粮尽，他向谢石求援的信使又被前秦军俘获。

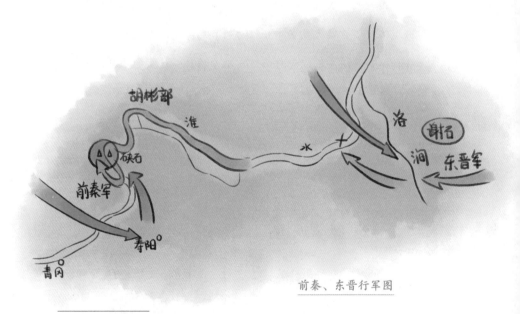

前秦、东晋行军图

1　胡彬，东晋将领。
2　硖石城，在今安徽凤台县西南淮河两岸硖石山上。
3　指清洛，今安徽洛河，源出安徽合肥，北流至怀远入淮河。

于是，前秦的前锋都督符融立刻写
信给还在后方的苻坚……

我现在得赶紧去寿阳，去晚了说不定晋军就跑了。咱们大部队的行军速度太慢，我现在就得先带 8000 骑兵急行军赶到寿阳去，你们带着大部队从后边跟上来。

遵命，主公！

与此同时，为了解救被包围的胡彬，谢玄派前锋刘牢之率领 5000 名精锐北府兵，乘夜渡过洛涧偷袭秦军大营，斩杀了主帅梁成和其他高级将领。前秦军步骑全线崩溃，仓皇抢渡淮河逃命，被杀被俘的多达 15 000 人，晋军大获全胜。这一场胜利，对战役全局起到了最为关键的作用。

自汉末三国以来，随着冶炼技术进一步发展，"杂炼生鍒"的工艺开始出现。这种炼法能得出质地较纯的钢铁，费工少、成本低，兵器甲胄的质量得以提高的同时，产量也大幅增长。同时，伴随着马镫的出现和普及，再加上早已经得到广泛运用的高桥马鞍，骑兵终于可以在马背上安全地完成所有战术动作，"人马合一"的时代终于到来了。

马镫

晋灭吴统一全国之后，北方的游牧民族开始大量内迁与汉人杂居，他们的社会和政治结构开始迅速被汉化。同时，由于自身本就拥有的军事优势，再加上在中原新获得的生产技术，骑兵在军事科技上的表现呈现"护甲化、重装化"。

骑兵披挂上了由两裆铠甲衣、左右披膊、左右腿裙、盆领和铁盔组成的盔甲；战马也披挂上了由马冑、鸡颈、当胸、马身甲、搭后、寄生六个部分组成的铁甲。铁甲由全部使用铁质札甲片缀合而成，还附有可以提高防箭能力的皮革衬里。这种战马和骑兵都披挂铠甲的骑兵就被称为具装骑兵。

盆领

铁盔

两裆铠甲衣　　　左右披膊　　　左右腿裙

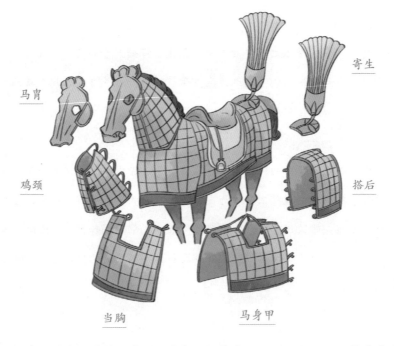

马胄

寄生

鸡颈

搭后

当胸

马身甲

在这种能把骑兵和战马全身都防护起来的铠甲保护下，具装骑兵就宛如一座小型的移动堡垒。在对步兵的坚阵发起冲锋时，既可以免遭弓箭的杀伤又能增加近战时的防护。具装骑兵的流行，还推动了马槊这种马上长兵器的普及，使得骑兵的攻击力进一步增强，在冲击敌军的近战中能发挥出更强大的战斗力。

配备了全套马具、身披坚甲、手执利刃、攻防兼备的具装骑兵部队，就此成了所向披靡的战场主宰。

具装骑兵进攻步兵时，主要靠战马高速奔驰产生的难以匹敌的巨大冲击力直接冲击敌军阵列，对敌人予以巨大杀伤，这就是所谓的"陷阵"。当步兵的军阵被冲散、分割以后，指挥序列也就同时被破坏了，失去指挥的士兵会在惊慌中四散奔逃，进而导致整体的崩溃。

步兵正面对抗具有强大机动性和防护能力的具装骑兵的冲击，只能依靠队列密集的军阵和铁的纪律来死扛，既不能对敌人予以大量的杀伤，更难以将敌人击溃。这次晋军主动对前秦军进行破营夜袭，就是为数不多的可以极为有效的克制骑兵的步兵战术之一。

在夜间，战马早都已经入厩休息，在遭到入营突袭的时候，骑兵根本来不及披甲上马作战。即便有部分骑兵反应迅速能上马作战，但是夜色黑暗，也难以发挥冲击杀敌的优势，反而会陷入敌人步兵的近身攻击。步兵对敌人骑兵部队发动夜袭，就是以己之长攻敌之短，对敌人进行降维打击。

东晋部队在旗开得胜后水陆继进开始向前逼近，驻扎在淝水东岸。

寿阳城头，八公山上草木皆兵……

人少粮尽的队伍能这样？你逗我呢？这可是劲敌啊！这仗可不好打了！

但是，苻坚却做梦也没有想到这个被他俘虏之后给予了高官厚禄的晋国将军，却一直是身在秦营心在晋。朱序不但没有劝降谢石，反而给他提出了扭转乾坤的建议。

现在苻坚带到寿阳的兵力只有 30 万，我们尚有一战之力，如果等他的百万大军全都到齐了，这仗可就真没法打了。不如趁着现在就主动发动进攻，如果能狠狠打击掉他们的威风和士气，那后面跟他们就还有的打。

苻坚都已经亲自到寿阳了，这仗恐怕不好打呀！如果我们凭险固守呢，就算他们一百多万人都到齐了，但他们的粮草可能很快就会供应不上，那时他们也就该退兵了吧。

现在已经到了冬天，河水很浅，有什么天险啊！本来就是一条小水沟，根本拦不住人家啊！再不主动进行决战，等人家大军全到了之后平推过来，咱们就要死无葬身之地了。

那咱现在就跟他们拼了！

227

谢琰

知识扩展

等敌军的步兵上岸之后，让强大的具装骑兵对立足未稳的敌人进行冲击，一举击溃敌人。这样的设想是没错的，但往往却是理想很丰满，现实很骨感。

30万大军的严密军阵已经列成，让他们在最短的时间内一起向后撤退一段距离，在平时还好，但此刻正是大战即将开始的时候。这时，士兵的情绪十分紧张，这种后撤的命令就可能会引发恶果。

《司马法·定爵》中提到军阵的一个特点："凡陈（阵），行惟疏，战惟密。"也就是说，军阵有两种不同形态，士兵们在作战时要紧紧挨在一起，以此来防止突破，提高杀伤，而行军时则不然，需要预留足够的空间供士兵们行动、转移，否则会发生混乱甚至踩踏事件。

除了空间上的要求外，指挥部队彼此的掩护配合也是将领们的责任。如果不想让后撤演变为溃败，需要合理规划各部队后撤的时间、位置，并根据地形安排好各部队的掩护顺序。

普通士兵们需要识别旌旗和金鼓之声的含义，而基层士官们则更需要了解队旗、营旗、将旗挥舞时所代表的含义。一般来说，不同将领所惯用的旗帜信号各不相同，正因如此，士兵、士官、将领们除了要谙熟基本的旗帜用法外，还需要彼此磨合、熟悉。而前秦军这样一支仓促聚集起来的军队，自然缺乏足够的指挥、调度，以及相互配合的经验。

因此，在这种密集的队列里，只有前排的士兵能看见发生了什么情况，后排的士兵除了身边的战友之外什么都看不见，他们根本不知道指挥官的意图是什么，任何突然异常的变故和疯传的谣言都可能在极短时间内被发酵放大，从而导致全局失控。

当苻坚刚刚下达了后撤的命令，前秦军阵就因调度失调而出现了混乱。而作为先锋渡河的 8000 名北府兵，在发现敌人编制混乱之后，几乎是第一时间完成了渡河、集结、突袭等一系列战术动作。

于是，因为调度失调而陷入混乱中的前秦军，在没有任何指挥的情况下，遇到了这支 8000 名精锐，几乎一触即溃。这期间，原本准备利用将帅身份约束麾下溃兵的苻融也"马倒被杀"，使得骑兵部队失去指挥也乱作一团。就这样，毫无章法可言的前秦军就在"不可复制"的混乱状态下走向了崩溃。

这时，朱序等人也突然在阵中高喊：秦兵败啦！听到这些叫喊声，不明真相的秦军的混乱程度又被强化，军官再也无法约束自己的部队。

秦兵败啦！秦兵败啦！秦兵败啦！

就这样，遭遇迅猛攻击和失去指挥的秦军彻底崩溃了，几十万大军土崩瓦解，晋军乘胜全军掩杀，一直追击到寿阳城西的青冈才收兵。

秦军自相践踏落入水中的不计其数，淝水都为之不流。

　　苻坚在淝水大战中身中流矢，单骑逃亡而走，他的座驾云母车和所有的御用之物、军械辎重、奇珍异宝以及无数牛马全都被晋军缴获。这时正值深冬时节，败退的秦军风餐露宿，十之七八都在途中冻饿而死。

残余的秦军一路向北逃窜，他们沿路上听到呼啸的风声、四野的鹤鸣声，就以为是晋军来了，赶紧继续逃跑。

冷兵器有话说

　　淝水之战是南北朝历史上最具决定性的一次战役。

　　拥有绝对优势的前秦兵败淝水、精锐尽丧，从此一蹶不振。苻坚本人，也在两年后被部下所杀，曾经一统北方的前秦自此分裂瓦解。

　　与之相反，东晋王朝因为此战的辉煌胜利得以稳固统治。战后第二年，东晋开始正式出兵北伐。北府兵不但收复了淝水战前被前秦占领的所有领土，甚至曾经一度打到了黄河南岸。但是立下了不世之功的谢氏父子、叔侄，却遭到了朝廷的猜忌和其他世家大族的掣肘，北府兵被迫撤回。于是黄河以南的战略要地又一个接一个地丢失了。

　　南北方再次回到了对峙的平衡状态中。